REGAIN

*Jean Giono est né à Manosque (Alpes-de-Haute-Provence) en 1895.
Il y fait ses études secondaires, puis travaille dans une banque.
Après la guerre, il reprend son emploi et le garde jusqu'à ses premiers succès littéraires, en 1929, avec des poèmes et des romans
qui expriment toute la poésie de la Haute-Provence :* Colline, Un
de Baumugnes, Regain, Jean le bleu, Que ma joie demeure, Le
Serpent d'étoiles, *etc...* Regain *est le dernier roman de la trilogie
de Pan les deux autres étant* Colline *et* Un de Baumugnes. *Mem-
bre de l'Académie Goncourt en 1954. Jean Giono est mort à
Manosque en octobre 1970.*

Tous sont partis. Panturle se retrouve seul dans ce village de
Haute-Provence battu par les vents au milieu d'une nature âpre
et sauvage. Par la grâce d'une simple femme, la vie renaîtra.
Jean Giono, un de nos plus grands conteurs, exalte dans *Regain*
avec un lyrisme sensuel les liens profonds qui lient les paysans à
la nature.

D0451951

JEAN GIONO

Regain

ROMAN

BERNARD GRASSET

PREMIÈRE PARTIE

I

QUAND le courrier de Banon passe à Vachères, c'est toujours dans les midi.

On a beau partir plus tard de Manosque les jours où les pratiques font passer l'heure, quand on arrive à Vachères, c'est toujours midi.

Réglé comme une horloge.

C'est embêtant, au fond, d'être là au même moment tous les jours.

Miche, qui conduit la patache, a essayé une fois de s'arrêter à la croisée du Revest-des-Brousses, et de « tailler une bavette » avec la Fanette Chabassut, celle qui tient le caboulot des Deux-Singes, puis de repartir tout plan pinet. Rien n'y fait. Il voulait voir; eh bien! il a vu!

Sitôt après le détour « d'hôpital », voilà le clocher bleu qui monte au-dessus des bois comme une fleur et, au bout d'un petit moment, voilà sa campane qui sonne l'angélus avec la voix d'une clochasse de bouc.

— Eh, c'est encore midi, dit Michel, et puis, penché sur la boîte de la patache :

— Vous entendez, là-dedans? C'est encore midi; il n'y a rien à faire.

Alors, que voulez-vous, on tire les paniers de dessous la banquette et on mange.

On tape à la vitre :

— Michel, tu en veux de cette bonne andouillette?

— Et de cet œuf?

— Et de ce fromage?

— Ne te gêne pas.

Il ne faut pas faire du tort à personne. Michel ouvre le portillon et prend tout ce qu'on lui donne.

— Attendez, attendez, j'ai les mains pleines.

Il met tout ça à côté de lui, sur le siège.

— Passez-moi un peu de pain aussi. Et puis, s'il y en a un qui a une bouteille!...

Après Vachères, ça monte.

Miche, alors, attache les guides à la manivelle du frein et il commence à manger, tranquillement, en laissant ses chevaux aller leur train.

Ceux qui sont dans la voiture, c'est, la plupart du temps, toujours les mêmes : un acheteur de lavande qui vient des villes de la côte, un Camous, ou un nom comme ça; un berger qui monte aux pâtures, et qui taille régulièrement dans son pain un morceau pour lui, un

morceau pour son chien; une maîtresse de
ferme, toute sur son « trente et un » de la tête
aux pieds; et une de ces filles des champs qui
sont comme des fleurs simples, avec du bleuet
dans l'œil. Quelquefois il y a, en plus, le per-
cepteur et sa serviette assis à côté comme deux
personnes raisonnables.

Le clocher de Vachères est tout bleu; on l'a
badigeonné de couleur depuis la sacristie jusqu'au petit chapeau de fer. Ça, c'est une idée
de ce monsieur du domaine de la Sylvabelle.
Il n'a pas voulu en démordre.

— Puisque je vous dis que je paye la couleur, moi, toute la couleur; et que je paye le
peintre, moi; puisque je vous dis que vous ne
payez rien et que je paye tout, moi!

Alors, on l'a laissé faire. Ça n'est pas si vilain,
et puis, ça se voit de loin...

Ceux qui voyagent dans la voiture du courrier le regardent longtemps, ce clocher bleu,
tout en mâchant l'andouillette. Ils le regardent
longtemps parce que c'est le dernier clocher
avant d'entrer dans le bois, et que, vraiment, à
partir d'ici, le pays change.

Voilà : de Manosque à Vachères, c'est colline après colline, on monte d'un côté, on
descend de l'autre, mais, chaque fois, on descend un peu moins que ce qu'on a monté.
Ainsi, peu à peu, la terre vous hausse sans faire
semblant. Ceux qui ont déjà fait le voyage

deux ou trois fois s'en aperçoivent parce qu'à
un moment donné il n'y a plus de champ de
légumes, puis, parce que le blé est de plus en
plus court, puis, parce qu'on passe sous les premiers châtaigniers, puis, parce qu'on traverse
à gué des torrents d'une eau couleur d'herbe et
luisante comme de l'huile, puis, parce que,
enfin, paraît la tige bleue du clocher de
Vachères, et que, ça, c'est la borne.

On sait que la montée qui commence là, c'est
la plus longue, c'est la plus dure, c'est la dernière; et que, d'un seul élan, elle va porter les
chevaux, la patache, et les gens au plein milieu
du ciel, avec et les vents et les nuages. On ne
descend plus de l'autre côté. On va monter,
d'abord sous bois, puis à travers une terre
malade de lèpre comme une vieille chienne qui
perd ses poils. Puis, on va être si haut qu'on
recevra sur les épaules comme des coups d'ailes
en même temps qu'on entendra le ronflement
du vent-de-toujours. Enfin, on abordera le plateau, l'étendue toute rabotée par la grande var-
lope de ce vent; on trottera un petit quart
d'heure et, dans une molle cuvette où la terre
s'est affaissée sous le poids d'un couvent et de
cinquante maisons, on trouvera Banon.

Les chevaux ont l'habitude. Il y a d'abord
un beau détour, comme un coude de bras; les
clochettes des deux colliers : les graves pour le

cheval roux, les claires pour le cheval blanc
sonnent, tantôt les unes tantôt les autres dans
l'effort des garots : à toi, à moi, à toi, à moi...
puis l'ornière oblique toute seule vers un bos-
quet de châtaigniers et les chevaux s'arrêtent,
sans commandement.

Michel saute du siège, ouvre la portière et
invite à descendre :

— Sieurs dames, pour soulager les chevaux...

Aujourd'hui, il y a comme ça la mademoiselle Delphine du bureau de tabac, la grosse
Laure Duvernet qui va à la ferme des Glorias
aider à tuer le cochon et l'oncle Joseph. En sau-
tant sur la route, ils disent :

— Monstre, tu nous fais sortir avec un temps
comme ça! -

Le vent de novembre écrase les feuilles de
chênes avec des galopades de troupeau. Il est
tout bien froid jusqu'au fond, d'un beau froid
dur. Il a fait taire d'un seul coup toutes les
sources; il n'y a plus que son bruit dans les
bois.

— Oh, pour un peu de vent qui passe!

L'oncle Joseph, c'est le plus vieux.

— L'oncle, dit Michel, ça va vous faire du
bien d'un peu marcher.

C'est l'oncle d'Agathange, le cafetier du
cercle à Banon. On a l'habitude de le rencon-
trer dans le café près du poêle ou près de la

partie de manille, et c'est, comme ça, l'oncle de tout le monde.

— Oh, moi, le bien...

— Enfin, pourtant, ça va la santé?

— Je me plaindrais, j'aurais tort.

— Ah! vous avez bien fait de venir chez le neveu. C'était plus une vie ce que vous faisiez là-bas à Aubignane.

— C'était plus guère tenable. On n'était plus que cinq; puis le Felippe a eu sa place de facteur au Revest. Alors, c'est venu de moi; j'ai dit : « Qu'est-ce que tu plantes ici? D'un jour à l'autre, ça va tout te dégringoler sur la tête. En galère! » C'est à ce moment-là que je l'ai fait dire au neveu. Je lui ai tout donné. Moi, un peu de soupe, un peu de tabac, je fais mon train.

— Et les autres, ils y sont encore là-bas?

— Je l'ai su par un des Hautes-terres. Ils y sont encore trois. Il y a Gaubert; tu sais, le « guigne-queue », le père du Gaubert qui est garde aux Rouvières. Il est encore plus vieux que moi. Il y a Panturle; celui-là... et puis. il y en a une qu'on y dit : la Piémontaise. Trois!

Le vent soulève le ciel comme une mer. Il le fait bouillonner et noircir, il le fait écumer comme les montagnes. Il n'y a plus de soleil. Il n'y a plus ces plaques étales d'azur paisible; il n'y a plus que la course des nuages. Ils descendent vers le sud.

A des moments, ce vent plonge, écrase le bois, s'élance sur la route en tordant de longues tresses de poussière. Les chevaux s'arrêtent, baissent la tête. Le vent passe.

Quand le souffle lui est revenu :

— Cette Piémontaise, dit la grosse Laure, c'est pas une femme qui a les cheveux rouges? Elle a toujours un de ces fichus... elle va aussi aider pour les cochons. Je l'ai rencontrée aux cerisettes l'an passé.

— Toi, tu connais toujours, dit l'oncle et, au fond, tu ne connais rien. Non, elle n'a pas les cheveux rouges. Elle ne sort guère d'Aubignane. C'est une vieille cavale toute noire; la zia Mamèche c'est son nom. Cette femme, ça fait au moins quarante ans qu'elle est là-bas. Je me souviens, moi, de quand elle est arrivée. Elle ne savait pas un mot de français. Elle se mettait sous un talus et elle chantait. Puis, son homme est mort... Puis, son petit est mort...

C'est même quelque chose de curieux, ça...

Le vent hurle derrière les nuages.

« ... Son homme, c'était un puisatier. Il avait pris l'entreprise du communal. Ce que c'est que le destin! On faisait un puits, nous, à Aubignane; lui, il était de l'autre côté des Alpes, peut-être bien tranquille. Nous, avec notre puits, on arrive à un endroit difficile tout en sable qui coule, et notre maçon qui était des Corbières nous dit : « Je ne descends plus là-dedans; j'ai pas envie d'y rester. » Lui, le Pié-montais, c'est juste à ce moment-là qu'il arrive à Aubignane, avec guère de sous et une femme qui allait faire le petit. Ce qui l'avait tiré de là-bas ici, allez chercher : le destin!

— Moi je descends, qu'il dit :

Il a creusé au moins quatre mètres. Il remon-tait tous les soirs, blanc, gluant, comme un ver, avec du sable plein le poil. Et, un soir vers les six heures, on a entendu, tout par un coup, en bas, comme une noix qu'on écrase entre les dents; on a entendu couler du sable et tomber des pierres. Il n'a pas crié. Il n'est plus remonté. On n'a jamais pu l'avoir. Quand au milieu de la nuit, on a descendu une lanterne au bout d'une corde pour voir, on a vu monter l'eau au-dessus de l'écroulement. Elle montait vite. On était obligé de hausser la corde à mesure. Il y avait au moins dix mètres d'eau au-dessus de lui.

— Alors! fait Michel qui s'arrête tout pétri-fié au milieu de la route. Puis, il recommence à marcher parce que sa voiture et les autres avancent.

— Le plus, continue l'oncle Joseph, c'est que ça n'est pas tout là. Elle était marquée cette femme! Ça va bien. Son homme meurt, comme je vous dis. Et nous, à la commune, on s'arrange pour lui donner du secours. Et on laisse le puits. On ne voulait pas boire de cette eau.

Elle eut son petit peut-être deux mois après. On disait : « Avec ce qu'elle a passé, il naîtra mort. » Non, son petit était beau. Alors, elle a un peu repris de la vie. Elle faisait des paniers. Elle allait au ruisseau. Elle coupait l'osier et elle tressait la corbeille. Elle portait le jeune homme dans un sac et, pendant qu'elle travaillait, elle le posait dans l'herbe et elle chantait. Il restait tranquille. C'est arrivé combien de fois. Elle lui donnait des fleurs pour l'amuser. C'est de ça qu'elle aurait dû se méfier. Il avait trois ans; il courait seul.

Cette fois, c'est l'oncle qui s'arrête au milieu de la route.

— Vous savez que ce n'est pas commode de parler en montant la côte! Je souffle! Je me fais vieux!

Il repart doucement. Il continue.

— Alors, une fois, c'était à l'époque des olives, on a entendu dans le bas du vallon comme une voix du temps des loups. Et ça nous a tous séchés de peur sur nos échelles. C'était en bas, près du ruisseau. On est descendu à travers les vergers, tous muets, à ne pas savoir. Nos femmes étaient restées, toutes serrées en tas. Et ça hurlait toujours, en bas, à déchirer le tendre du ventre!

Elle était comme une bête. Elle était couchée
sur son petit comme une bête. On a cru qu'elle
était devenue folle. L'Onésime Bus met sa main
sur elle pour la lever de là-dessus, et elle se
retourne et, à pleine bouche, elle lui mord la
main.

A la fin, on a pu l'emporter. Son petit était
dans l'herbe, tout noir déjà, et tout froid, l'œil
gros comme un poing et, dans la bouche, une
bave épaisse comme du miel. Il était mort depuis longtemps. On a su, parce qu'il en avait
encore des brins dans sa petite main, qu'il avait
mangé de la ciguë. Il en avait trouvé une touffe
encore toute verte. Il s'en était amusé pas très
loin de sa mère qui chantait.

— Pauvre Dieu! geint mademoiselle Delphine.

Ils marchent un long moment tous les quatre,
sans rien dire. Le vent éparpille le bruit des clochettes comme des gouttes d'eau. Le côté
gauche du bois est comme d'un coup tout
effondré et c'est un val. Un chemin ouvre sa
bouche au ras de la route. Il a dû ramper à travers bois et monter, et s'enlacer pour venir
jusque-là. Il est mort. Il est tout vert d'herbe.
On le voit immobile, allongé sous les chênes.
Les feuilles se collent sur lui, les herbes pous-
sent à travers lui comme à travers un serpent
mort.

Par la fente du val on voit, au-delà, un pays tout roux comme un renard.

— Le voilà, votre chemin d'Aubignane, dit Michel. Ça n'a pas l'air bien passager. Allez, maintenant : en voiture, l'oncle; serrez-vous à côté des filles, vous aurez chaud.

Mademoiselle Delphine a de gros mollets qui débordent en bourrelets la tige des bottines. Quand elle monte le marchepied, elle sait que Michel les regarde. Elle s'arrête, une jambe en l'air, et elle demande :

— Alors, l'oncle, c'est là-bas, Aubignane, là où ça a l'air tout mort?

II

AUBIGNANE est collé contre le tranchant du plateau comme un petit nid de guêpes; et c'est
vrai, c'est là qu'ils ne sont plus que trois. Sous
le village la pente coule, sans herbes. Presque
en bas, il y a un peu de terre molle et le poil
raide d'une pauvre oseraie. Dessous, c'est un
vallon étroit et un peu d'eau. C'est donc des
maisons qu'on a bâties là, juste au bord, comme
en équilibre, puis, au moment où ça a commencé à glisser sur la pente, on a planté, au milieu du village le pieu du clocher et c'est resté
tout accroché. Pas tout : il y a une maison qui
s'est comme décollée, qui a coulé du haut en
bas, toute seule, qui est venue s'arrêter, les
quatre fers d'aplomb, au bord du ruisseau, à la
fourche du ruisseau et de ce qu'ils appelaient la
route, là, contre un cyprès.

C'est la maison de Panturle.

Le Panturle est un homme énorme. On di-

rait un morceau de bois qui marche. Au gros
de l'été, quand il se fait un couvre-nuque avec
des feuilles de figuier, qu'il a les mains pleines
d'herbe et qu'il se redresse, les bras écartés, pour
regarder la terre, c'est un arbre. Sa chemise
pend en lambeaux comme une écorce. Il a une
grande lèvre épaisse et difforme, comme un poi-
vron rouge. Il envoie la main lentement sur toutes les choses qu'il veut prendre, généralement,
ça ne bouge pas ou ça ne bouge plus. C'est du
fruit, de l'herbe ou de la bête morte; il a le
temps. Et quand il tient, il tient bien.

De la bête vivante, quand il en rencontre, il
la regarde sans bouger : c'est un renard, c'est un
lièvre, c'est un gros serpent des pierrailles. Il ne
bouge pas; il a le temps. Il sait qu'il y a, quelque
part, dans un buisson, un lacet de fil de fer qui
serre les cous au passage.

Il a un défaut, si on peut dire : il parle seul.
Ça lui est venu aussitôt après la mort de sa
mère.

Un homme si gros que ça, ça avait une mère
comme une sauterelle. Elle est morte du mal.
On appelle ça : « le mal », mais c'est une vapeur; ça prend les gens d'âge. Ils ont les « trois
sueurs », le « point de côté » puis, ça s'arrache
tout, là-dedans, et ils meurent. C'est le sang qui
se caille comme du lait.

Quand elle a été morte, il l'a prise sur son dos

et il l'a portée au ruisseau. Il y a là un pré
d'herbe, le seul de tout le pays, un petit pré
naturel et il a quitté sa mère sur l'herbe. Il lui
a enlevé sa robe, et ses jupes, et ses fichus parce
qu'elle était morte habillée. Il n'avait pas osé la
toucher pendant qu'elle souffrait et qu'elle
criait. Comme ça, il l'a mise nue. Elle était
jaune comme de la vieille chandelle, jaune et
sale. C'est pour ça.

Il avait porté un morceau de velours et la
moitié d'une pièce de savon et il a lavé sa mère
de la tête aux pieds, partout en faisant bien le
tour des os, parce qu'elle était maigre. Puis, il
l'a mise dans un drap, et il est allé l'enterrer;
c'est du soir même qu'il s'est mis à parler seul.

Des fois, il monte au village voir Gaubert ou
la zia Mamèche.

Gaubert, c'est un petit homme tout en moustache. Du temps où il y avait ici de la vie, je
veux dire quand le village était habité à plein,
du temps des forêts, du temps des olivaies, du
temps de la terre, il était charron. Il faisait des
charrettes, il cerclait les roues, il ferrait les mulets. Il avait alors de la belle moustache en poils
noirs; il avait aussi des muscles précis et durs
comme du bambou et trop forts pour son petit
corps, et qui le lançaient à travers la forge, de-
ci, de-là, de-ci, de-là, toujours en mouvement, à
sauts de rat. C'est pour cela qu'on lui a mis le
nom de « guigne-queue » : ce petit oiseau que

les buissons se jettent comme une balle sans
arrêt pendant trois saisons de l'an.

C'est Gaubert qui faisait les meilleures charrues. Il avait un sort. Il avait creusé un trou
sous un cyprès et le trou s'était empli d'eau, et
cette eau était amère comme du fiel de mouton,
probablement parce qu'elle suintait d'entre les
racines du cyprès Quand il voulait faire une
charrue, il prenait une grande pièce de frêne et
il la mettait à tremper dans le trou. Il la laissait
là pas mal de temps, de jour et de nuit, et il
venait quelquefois la regarder en · fumant sa
pipe. Il la tournait, il la palpait, il la remettait
dans l'eau, il la laissait bien s'imbiber, il la
lavait avec ses mains. Des fois, il la regardait
sans rien faire. Le soleil nageait tout blond autour de la pièce de bois. Quand il revenait à la
forge, Gaubert avait les genoux des pantalons
tout verts d'herbe écrasée. Un beau jour, c'était
fait; il sortait sa poutre et il la rapportait sur
l'épaule, toute dégouttante d'eau comme s'il
était venu de la pêcher dans la mer; puis, il
s'asseyait devant sa forge. Il mettait la pièce de
bois sur sa cuisse. Il la pesait de chaque côté à
petites pesées; il la tordait doucement et le bois
prenait la forme de la cuisse. Eh bien, ça fait
de cette façon, c'étaient les meilleures charrues
du monde des laboureurs. Une fois finie, on venait la voir; on la touchait; on la discutait; on
disait :

— Gaubert, combien tu en veux?

Et lui. il s'arrêtait de sauter de l'enclume au baquet pour dire :

— Elle est promise.

Maintenant, Gaubert, c'est un petit homme tout en moustache. Les muscles l'ont mangé. Ils n'ont laissé que l'os, la peau de tambour. Mais il a trop travaillé, et plus avec son cœur qu'avec ses bras; ça fait maintenant comme une folie.

Sa forge est au sommet du village. C'est une forge froide et morte. La cheminée s'est battue avec le vent et il y a des débris de plâtre et de briques dans le foyer. Les rats ont mangé le cuir du soufflet. C'est là qu'il habite, lui, Gaubert. Il a fait son lit à côté du fer qui restait à forger et qu'il n'a pas forgé. C'est allongé, glacé dans l'ombre, sous la poussière, et il s'allonge à côté. le soir. Sur le parquet de terre battue, l'humide a fait gonfler des apostumes gras. Mais, il y a encore l'enclume et, autour d'elle comme un cal. la place nette, tannée par les pieds du forgeron. L'enclume est toute luisante. toute vivante, claire. prête à chanter. Contre elle, il y a aussi un marteau pour « frapper devant ». Le bois du manche luit du même bon air que l'enclume. Tout le jour, quand il s'ennuie, Gaubert vient, met les deux mains au marteau, le lève et tape sur l'enclume. Comme ça, pour rien, pour le bruit, pour entendre le bruit, parce que, dans chaque coup. il y a sa vie, à lui.

Ce bruit d'enclume, ça va dans la campagne et parfois ça rencontre Panturle qui chasse. C'est encore une chose à quoi on peut parler, ça.

Ce matin, c'est le grand gel et le silence. C'est le silence, mais le vent n'est pas bien mort; il ondule encore un peu; il bat encore un peu de la queue contre le ciel dur. Il n'y a pas encore de soleil. Le ciel est vide; le ciel est tout gelé comme un linge étendu.

Il y a du feu chez Panturle. Il se lève au blanc de l'aube. Il est là, debout, devant l'âtre, à regarder les flammes bourrues qui galopent sur place à travers des ramées d'oliviers sèches. Il prend le chaudron aux pommes de terre. De l'eau et des pommes de terre c'est, tout à la fois, la soupe, le fricot et le pain.

Le feu d'oliviers, c'est bon parce que ça prend vite mais c'est tout juste comme un poulain, ça danse en beauté sans penser au travail. Comme la flamme indocile se cabre contre le chaudron, Panturle la mate en tapant sur les braises avec le plat de sa main dure comme de la vieille couenne.

La main en l'air pour un dernier coup, il dit à son feu :

— Ah! tu as fini?

Il a fini; il en a assez d'être battu. Il frotte son long poil roux contre le cul du chaudron.

Le vent, d'un coup, ronfle plus fort que le feu et le soleil se lève.

Du village, descend un long sifflement de berger. C'est dirigé comme une flèche sur la maison de Panturle, ce sifflement; ça se sent; ça traverse juste les murs; ça vient tinter sur le chaudron au feu.

Panturle quitte la branche avec laquelle il tournait sa soupe. Il met sous sa langue ses deux gros doigts et il répond à rougir comme une pomme d'amour, d'un même sifflement qui monte.

C'est l'us. Il sait que Gaubert s'est avancé jusqu'à la placette de l'église et qu'il lui a, comme ça. souhaité le bonjour à sa manière, avec sa vieille langue et ses vieux doigts.

Seulement, ce matin. c'est plus tôt que d'habitude et ça a l'air de vouloir dire :

— Viens.

Ça ne doit pas être pour du mal. je ne crois pas; ça a l'air d'être encore un sifflet bien sain; puis, ça n'a pas dit, pressé : « Viens, vite, vite, vite. »

Non, ça a dit : « Viens », tout simplement, pas plus, comme par exemple : « Viens, viens voir, viens un peu. »

On va y aller.

Avant, il donne à la bique. Elle est libre et toute seule dans la grande écurie noire et elle saute tout de suite vers la porte ouverte. Il la

regarde manger. Comme elle s'amuse du nez
dans les branches, il lui touche la tête :

— Allez, viens; on monte à Gaubert.

Quand on touche ce bord d'Aubignane qui
pend au-dessus du vallon, à main droite, c'est
tout de suite la maison de la Mamèche. Ça n'est
pas sa propriété, bien sûr, mais personne ne
viendra réclamer; elle n'a eu qu'à choisir dans
le tas une maison pas trop démolie avec, autant
que possible, un peu de toiture.

Panturle fait un petit détour pour venir pousser la porte.

— Tiens, Mamèche, voilà Caroline. Prends
le lait.

Comme la chèvre, sur le seuil, tremble de la
voix et du poil, la Piémontaise l'appelle :

— Cabro, cabro.

La chèvre répond et elle entre.

Devant la forge Gaubert attend.

— Tu as mis la belle veste, demande Panturle.

C'est vrai, il a mis la belle veste, et le beau
chapeau, et le beau pantalon de velours.

— Je pars, dit Gaubert doucement.

Une grosse malle à ferrures écrase l'herbe de
la rue.

— Je pars. L'enfant me l'a fait dire hier, sur
le soir, par le berger des Pamponnets. Il dit
qu'il a peur de cet hiver pour moi tout seul. Il
dit que je serai mieux là-bas. Il dit qu'on m'a fait

la chambre à côté de la cuisine pour la chaleur
du poêle. Il dit que la Belline et les petits, ça
me fera un peu de plaisir, que la Belline me
soignera bien. J'ai quatre-vingts!

Panturle regarde le Gaubert tout bien asti-
qué et la malle parée; et, dans le milieu noir de
la forge, un gros paquet tout cornu dans un
drap noué.

— L'enfant m'a fait dire qu'il viendrait avec
le cheval jusqu'à la Font-de-Reine-Porque;
après, ça ne peut plus; il paraît que notre
chemin s'est tout écrasé au fond du ravin.

— Moi, je passe à pied, dit Panturle, c'est
tout juste.

— Alors je t'ai sifflé pour ça.

Il montre ses paquets.

— La grosse boîte, c'est pas la peine
d'essayer; ça ne passera pas. Tu y tiens?

— Non, c'est des choses du temps de la
femme.

— Et ça, là-bas?

— Ah! mon pauvre... ça, viens voir.

Dans la forge, le père Gaubert dénoue le paquet. Ses mains tremblent. Là, couchée dans le
drap : son enclume.

— Ça, je voudrais le sortir pourtant.

Panturle comprend. C'est des choses qu'on
comprend, ça.

— On va essayer. Le Joseph t'attend quand?

— Il m'a fait dire qu'il partirait de la maison au soleil pointé.

— T'es tout prêt?

— Oui.

— Tu languissais?...

Panturle a dit : « Tu languissais » sans faire le mauvais, au hasard du parler, sans méchanceté pour Gaubert, et, Gaubert muet baisse la tête.

Ça a été dur, surtout sous le bois de Bergerie. Il n'y avait plus de chemin. Il a d'abord monté le père Gaubert en lui donnant la main, puis il est redescendu chercher l'enclume.

Gaubert regardait d'en haut et il lui disait :

— Là, prends-toi au thym, là, à droite; mets ton pied sur la pierre, là à gauche. Ne prends pas cette herbe, c'est mort. Allez. Ah, mon pauvre!

Panturle soufflait dans l'éboulis avec l'enclume sur le gras de l'épaule et de temps en temps il lâchait un : « Dieu de Dieu » qui le poussait tout seul pendant un mètre.

Quand il a été sur le haut, il a jeté l'enclume dans les feuilles mortes, il s'est rempli à l'aise d'air froid, il s'est frotté l'œil piqué de sueur et il s'est mis à rire.

« On l'a eue, quand même, cette garce! »

Gaubert aussi s'est mis à rire. ça lui faisait chaud au cœur de voir qu'on a passé le plus

mauvais; il a entrouvert le paquet pour regarder l'outil qui est là, tout insensible.

— Elle ne s'en doute pas qu'elle donne tant
de peine.

Puis Panturle a recommencé à suivre son
idée :

— Alors, comme ça, l'enfant te réclame?
C'est parce que des fois tu t'es plaint? Tu pour-
ras t'habituer loin d'Aubignane? Tu étais né à
Aubignane, toi? C'est peut-être qu'il a besoin
de toi, là-bas? Alors, tu seras près de la cuisine?
Qui sait si ça fera bien l'affaire de la Belline.

Et Gaubert répond « oui » ou « non » de la
tête sans parler.

On ne voit plus le village. On ne voit qu'une
épaule de colline toute velue et le vent en
rebrousse les poils.

Quand Joseph les a vus arriver il a crié :

— Eh, là-bas, dépêchez-vous.

Parce qu'il fait froid dans les parages de
Reine-Porque.

— Voilà, a fait Panturle, en déchargeant
l'enclume.

— Qu'est-ce que c'est? a demandé le Joseph.
Et il a regardé dans le paquet. Les hommes
d'âge, parfois, ça a des cachettes où ça met des
sous et on en a connu qui en avaient des dix
kilos comme ça. Quand il a vu que c'était l'enclume, il a dit à son père :

— Tu es fou, père!

C'est Panturle qui a répondu :

— Non, laisse-le. Tu ne sais pas, toi.

Quand le père Gaubert a été installé sur la carriole, le Panturle a placé l'enclume entre les jambes du vieux; Gaubert a dit merci, l'enfant a fouetté et ils sont partis.

Le Panturle les regarde : Gaubert a posé ses mains sur l'enclume. Elle est là; entre ses jambes, il la caresse, il est heureux. Ça lui aurait fait pire que la mort de la laisser.

A la Font-de-la-Reine-Porque, le bassin de la fontaine est déjà gelé. C'est une fontaine perdue et malheureuse. Elle n'est pas protégée. On l'a laissée comme ça, en pleins champs découverts; elle est faite d'un tuyau de canne, d'un corps de peuplier creux. Elle est là toute seule. L'été, le soleil qui boit comme un âne sèche son bassin en trois coups de museau; le vent se lave les pieds sous le canon et gaspille toute l'eau dans la poussière. L'hiver, elle gèle jusqu'au cœur. Elle n'a pas de chance; comme toute cette terre.

Au fond de l'air, on entend encore un « hue » et un fouet qui claque. La voiture du Joseph est déjà à la montée des terres noires. Puis, ils ont dû dépasser le col et l'on n'entend plus rien.

D'un coup, Panturle se sent gelé jusqu'au

fond des os. Il se met à courir vers le village. Il
crie en courant :

— Han, han...

Ça tient compagnie.

— Oh Mamèche!

— Oh fils!

La voix de la Mamèche, c'est grave et dur,
ça vient de profond.

— C'est fait à Caroline?

— C'est fait; ça bout et ça t'attend si tu
entres.

— « La Saluta », dit le Panturle en poussant
la porte.

Les dalles sont couvertes d'un jour qui est là,
épais comme de la paille d'étable et qui ne
monte pas vers le plafond parce que les hauts
carreaux de la fenêtre, on les a remplacés par des
planches. Ce sont de vieilles fenêtres, et même,
pour les deux carreaux du bas qui sont encore en
vitre il faut se méfier, il y en a un qui commence à se décoller et on ne peut pas empêcher
le vent de jouer avec. De cette façon, il n'y a
jamais de la lumière que sur la moitié des gens.
Il y a le jour sur la moitié de Mamèche, sur le
morceau qui va des pieds nus jusqu'à la taille.

Là, près de la table, il y a une grande Sainte
Vierge de plâtre tout éclairée. La Mamèche
l'a prise avec elle depuis que l'église est quasi-
ment une bauge de loups avec toutes ces

herbes... La Vierge s'est bien habituée; on la
dirait chez elle, là, avec ses pieds nus, son rosaire en noyaux d'olives, sa robe qui est comme
le ciel, de même couleur et toute raide.

Ce qu'on voit de la Mamèche est pareil,
mais tout noir.

Sur la pierre de l'âtre, il y a trois bols de lait
chaud qui fument.

— C'est plus la peine d'en mettre trois, dit
Panturle qui s'assoit à côté des bois.

— Comment? Il est...

— Non, il vient de partir.

Elle a baissé la tête vers Panturle : un visage
maigre et rouillé comme un vieux fer de hache.
Toute la vie est dans le feu de l'œil.

— Répète un peu.

— Je dis : Il vient de partir.

— Et pour où?

Là, au soleil, après avoir dit les mots, la lèvre
de la Mamèche bouge encore dans sa faim de
parler.

— ... chez l'enfant.

— Chez l'enfant?... chez l'enfant?...

La Mamèche se redresse : elle marche, un
pas, deux, vers la porte. Panturle regarde ce
visage là-haut, dans l'ombre et que maintenant
on voit un peu avec l'habitude. Les grands
ongles des pieds nus grincent sur la pierre
comme des griffes de bêtes.

— Ah, Madona! elle crie soudain avec toute sa gorge qui se serre.

Elle s'est abattue en tas par terre. Elle est là, à se tordre les mains, à balancer sa tête comme dans un vent.

— Madona, Madona! Alors c'est tous... alors c'est tous... Je suis pas vieille, moi? Je pars, moi? J'en ai, moi, de l'enfant? A quoi il a servi mon homme mort dans votre porc de pays? A quoi il a servi d'aller vous chercher l'eau. Il est allé vous la chercher avec sa vie. Je pars, moi? Je suis pas vieille, moi?

« Ah! porca! »

Elle rafle le bol de lait chaud qui était là pour Gaubert; elle jette ce lait à la figure de la Vierge. Un voile de vapeur coule sur les plis droits de la robe bleue puis s'efface. Le rosaire mouillé brille; la Vierge sourit avec de la crème de lait sur la lèvre.

La Mamèche tend vers elle un poing noir et moussu comme un coin gelé.

— Porca! Que toi tu fais tout comme tu veux; et que tu m'as battue comme le blé, et que tu m'as séchée comme le blé, et que tu me manges comme le blé!...

« Alors, tu les as laissées pourrir mes prières? Tu peux me regarder avec tes yeux de craie. Je te regarde, moi? Je te le dis, moi, là, en face, et qu'est-ce que tu pourras me faire encore? Je suis déjà toute saignée!

— Ecoute, dit Panturle doucement.

— Non! Enfin, c'est vrai, ça; dis, toi, Braë!
Tu le sais que mon homme est là au fond de
votre terre, qu'il est allé là-bas dans le fond
vous téter l'eau avec sa bouche jusqu'à la veine
des sources. Pour faire boire, pour votre soupe.
C'est vrai ça, Braë? Tu crois que moi j'avais pas
de tout comme les autres femmes : des mamelles
et un ventre, et une bouche avec la langue pour
l'embrasser, pour le garder, pour lui faire du
plaisir! Il est en bas, tout mort, avec sa **bouche**
pleine de votre terre!

« Celle-là qui est là à rire, qu'est-ce qu'elle
faisait ce jour-là, avec qui elle était couchée
encore, ce jour-là?

« Et à quoi ça a servi, sa mort? Quand ils
l'ont eu fait mourir, ils se sont mis à partir, les
uns après les autres, comme des cochons qui vont
aux glands.

« Et maintenant pour les retenir, qu'est-ce
qu'elle fait, celle-là, à rire là? Ah! Sainte Vierge,
si c'est pour être sur moi comme un gros pou, à
me sucer le sang, c'est bien la peine!...

— Ecoute, dit Panturle doucement, écoute,
Mamèche, viens là à côté de moi, viens, on est
tous les deux...

La Mamèche se traîne sur les genoux
jusque près de Panturle. Elle est là contre; elle
s'appuie à l'homme, elle le tâte avec ses **grands**
doigts d'os.

. — Ah, Braë, elle soupire, la langue est épaisse!

Ils sont comme ça un long moment sans rien dire.

— Fils, dit la femme.

— La mère! répond Panturle.

Parce que, tout soudain, dans ce silence qu'ils ont eu, il a pensé à sa mère, morte aussi et mangée par l'osier, en bas...

Contre l'homme, la Mamèche tremble des nerfs comme une chèvre. Elle s'apaise. Elle caresse la grande cuisse solide, et maintenant elle parle une parole douce venue de son cœur doux comme une figue.

— Je pense à l'enfant, à mon petit, mon Rolando, celui qui est aussi sous la racine de l'herbe. C'est pas de la justice, Braë! Eux, ils les ont encore en chair qui marche et c'est parti pour chercher la bonne place. Moi, tout ce qui me tenait le cœur, c'est devenu l'herbe et l'eau de cette terre et je resterai ici tant que je ne serai pas devenue cette terre, moi ausi.

— Moi aussi, Mamèche, dit Panturle ; j'ai la mère...

— Je vais te dire, fils, ce qui me fouille comme une bêche et que j'en souffre le martyre. Tant qu'on est là... mais après ça fera du bois sauvage et ça sera tout effacé.

« Ecoute : dès les premiers temps qu'on était

mariés avec l'homme, on était du côté de Pigna-
tello à travailler. J'allais avec lui sur le chemin;
on traversait le bois et il y avait des charbon-
niers. Une fois, on s'est approché d'un endroit
où il y avait toujours une meule de charbon
qui fumait. C'était rasé tout autour; nous
savions que l'homme allait couper le bois et
qu'il l'apportait pour le cuire juste à cet en
droit-là. On voulait savoir pourquoi. On s'est
approché; alors on a vu : il y avait une baraque
sous trois arbres; una cosa di niente, de rien,
je te dis, grosse comme une noix. Il y avait, là
devant, une femme et deux petits vautrés
comme des chiennots.

« On a honnêtement demandé et la femme
nous a dit. Ça n'était pas toute la famille, ces
deux bessons-là, il y en avait un autre dans la
terre, bien sage pour toujours avec une barrière de bois autour de l'endroit où il était. Il
y avait aussi dans la terre le père de la femme,
un tout vieux et une petite d'une heure, morte
pendant qu'on la faisait.

« Il y avait surtout, Braë, celui qui passait
dans la fumée de la charbonnière, l'homme
bien vivant et, dans lui, qui sait, qui sait combien d'enfants nouveaux, prêts à venir.

« Ça, ça a peut-être fait un village. depuis.
« Au lieu d'ici...
— Mamèche, il faut boire, dit Panturle.
Et il prend un bol. Le lait s'est refroidi; il

est comme gelé sous une belle crème épaisse.
Avant de boire, la Mamèche met son doigt noir
dans le lait et elle tire avec l'ongle un poil de
la chèvre.

— Je descends. Où as-tu mis Caroline?
— Là derrière, dans le pâtis.
— Tu as encore des pommes de terre?
— Oui.
— Fais que ça te dure jusqu'au beau froid,
puis j'irai voir celui des Bourettes pour voir
s'il veut encore m'en remettre contre un lièvre.
Tu as de tout?
— J'ai de tout, fils. Il va falloir qu'on soit
bien serrés tous les deux, maintenant, pour
tenir.

De devant la porte, Panturle appelle la
chèvre. Elle vient, puis on entend dans le sentier les pierres qui coulent sous le grand pas
de Panturle.

Maintenant, la Mamèche est là, seule devant
la Vierge qui rit sous la crème du lait.
— Bellissima!
Elle a un élan de ses grands bras noirs.
— Mia Bella, celle que j'aime plus que tout,
viens que je t'essuie.
Elle a pris la Vierge sur ses genoux; elle a
déroulé le rosaire, elle en a essuyé les grains

l'un après l'autre. Elle crache sur un coin de
sa jupe et elle lave la bouche de la Vierge.

— Va, ne t'inquiète pas, tu es toujours ma
belle.

Puis, elle regarde au fond de l'air quelque
chose qui est son souvenir et sa peine.

Panturle revient chez la Mamèche; c'est
quatre heures. C'est le moment où, dans cette
saison, le soleil accroché à ce pin, là-haut, résiste
encore un peu avant de tomber de l'autre côté
des collines.

Tout le jour, Panturle a porté l'enclume sur
ses épaules, une enclume d'air, imaginée, mais
bien plus lourde que la vraie de ce matin.

Tout le jour!

De temps en temps, il sentait la petite meur-
trissure que l'angle de fer avait marquée dans
son épaule. Il se disait : « Gaubert est parti. »
Au bout d'un moment il comprenait que ce
« Gaubert est parti », ça voulait dire qu'il était
seul, maintenant, à Aubignane, seul avec la
Mamèche qui n'était pas de grosse distraction.
Ah, non! Qu'il n'entendrait plus battre le cœur
du village. L'enclume était partie. Elle était
partie sur la carriole du Joseph, entre les
jambes de Gaubert. Il n'entendrait plus : pan
pan; pan pan; pan pan; ce qui était le bruit
encore un peu vivant du village. Ce qui venait
lui dire en plein bois : Gaubert s'ennuie; Gau-

bert se souvient du temps où il était le maître
des charrues.

Et tout le jour il a porté la lourde enclume.
Il la porte encore maintenant en montant chez
la Mamèche.

Le dernier doigt du soleil lâche le pin, là-
haut. Le soleil tombe derrière les collines.
Quelques gouttes de sang éclaboussent le ciel;
la nuit les efface avec sa main grise.

Il y a du feu dans l'âtre, mais le vent a em-
bouché la cheminée et il souffle sa musique
avec de la fumée, des cendres volantes et en
aplatissant la flamme.

Panturle mâcha sa chique : une boule de
tabac raclé au fond de sa poche, mélangée de
brins d'herbe et de poils de bêtes.

C'est amer.

— ... de dieu, ce temps.

Le vent a commencé sa colère de trois jours.

— Tourne-toi un peu que je te regarde, dit
la Mamèche. Mets-toi un peu devant le feu,
Braë, que je voie...

— Qu'est-ce que tu veux?

— Mets-toi un peu...

Panturle se courbe pour être bien éclairé. Il
entre dans le jour de la flamme.

C'est un homme encore jeune. Il y a du sang
dans ses joues; l'œil est vif. Il y a du beau
poil sur ses joues : du beau poil bien sain,
bien arrrosé de sang. Il y a sur les os de

la bonne chair épaisse, de la chair de quarante
ans, dure et faite à la vie. Il a des mains solides;
la force coule comme de l'huile jusqu'au bout
de ses doigts.

— Tu m'as vu?

Je t'ai vu.

— Alors?

— Alors, christou, je pense à ce charbon-
nier...

— Oui, dit Panturle.

Il crache dans les braises, puis il reprend :

— Oui, il faudrait une femme. L'envie m'en
prend, quelquefois aux beaux jours. Mais, où
elle est, celle-là qui voudrait venir ici?

— Où elle est? Elle est partout si tu la forces.

— Ah, tu crois, toi, que ça se fait comme ça?

— Tu n'es rien alors?

— Je suis comme les autres, mais je te dis :
ça ne se fait pas comme ça. Il faut que ça vienne
de plus loin et de longtemps.

— Si je t'en mène une, tu la prends?

Panturle s'arrête de mâcher sa chique. Il
regarde la Mamèche au fond des yeux, pour
voir. Il est comme ça tout immobile et tout
muet. à chercher... Elle répète :

— Si je t'en mène une, moi, de femme. tu la
prends?

Alors. il opine profondément avec la moitié
de son corps et il dit :

— Oui! je la prends!

L'hiver est dur. cette année, et jamais on n'a vu cette épaisseur de glace au ruisseau; et jamais on n'a senti ce froid. si fort, qu'il est allé geler le vent au fond du ciel. Le pays grelotte dans le silence. La lande qui s'en va par le dessus du village est tout étamée de gel. Il n'y a pas un nuage au ciel. Chaque matin, un soleil roux monte en silence; en trois pas indifférents. il traverse la largeur du ciel et c'est fini. La nuit entasse ses étoiles comme du grain.

Panturle a pris sa vraie figure d'hiver. Le poil de ses joues s'est allongé, s'est emmêlé comme l'habit des moutons.

C'est un buisson. Avant de commencer à manger. il écarte les poils autour de sa bouche. Il est devenu plus méchant aussi. Il ne parle plus à ses ustensiles. Il a entouré ses pieds et ses jambes avec des étoffes attachées avec des ficelles. Avec ça. il a chaud. il ne glisse pas. il ne fait pas de bruit. Il est toujours avec son couteau et ses fils de fer sournois. Il chasse. Il a besoin de viandes.

La Mamèche aussi fait sa chasse. pour elle, à sa façon. Elle s'attaque au petit gibier : aux moineaux que le froid rend familiers et qui sont tout ébouriffés comme des pelotes de laine. Elle fait ce qu'on appelle ici : embaumer du grain. Elle a de vieux grains d'avoine et les fait bouillir avec de la rue et des capsules de datura, puis elle épand son grain devant la porte. Les moineaux mangent et ils meurent. Sur place. Avant de les faire cuire, elle leur ôte le gésier, elle ouvre le gésier avec de vieux ciseaux et elle fait tomber les grains dans du papier. Ça sert pour une autre fois.

Bien entendu Panturle ne l'oublie pas. Il lui monte de gros morceaux de lièvre ou bien lui donne des gives; d'autres fois des petits lapins entiers. Parce que, lui, il en a à sa suffisance; il en mange tant qu'il veut et il en met de côté, à sa cave, pour les changer, après, contre des pommes de terre, avec ce vieux fou des Bourettes.

L'hiver se serre encore et c'est toujours, l'un après l'autre, les mêmes jours.

Panturle est au bois des Vincents. Il a posé des collets à lièvres. Il va voir.

Et il a vu, de loin, la Mamèche. Elle était sortie, elle aussi; elle était montée sur la lande. Elle était debout comme un tronc d'arbre. Il allait appeler quand il s'est rendu compte qu'elle parlait.

Il a écouté.

Elle disait :

— Il faut que ça vienne de toi d'abord, si on veut que ça tienne.

Elle parlait à quelque chose, là, devant elle,

et devant elle il n'y avait que la lande toute
malade de mal et de froid.

Une autre fois, c'est encore arrivé, mais, pas
du même côté; comme si elle faisait le tour des
amis pour demander un service. C'était sur le
versant des Resplandin au beau milieu des
fourrés où c'est plein d'arbres.

Panturle s'est approché doucement sur ses
pieds entourés d'étoffe. Il s'est approché d'elle
comme s'il avait voulu la prendre au lacet. Elle
était encore devant ce morceau de colline toute
sale, embousée de givre et de boue gelée devant
les arbres nus et qui n'en menaient pas large.

Elle disait encore :

— Ne t'inquiète pas; ça me regarde! j'irai
la chercher là où elle est, mais, je te le dis, il
faut que ça vienne d'abord de toi.

Elle le disait bien à tout ça qui était devant
elle, parce que, à la fin, elle a bougé son bras,
elle a pointé son doigt vers l'herbe, l'arbre, la
terre.

On est peu à peu arrivé à ce temps où l'hiver
s'amollit comme un fruit malade. Jusqu'à pré-
sent, il était dur et vert et bien acide, et puis,
d'un coup, le voilà tendre. L'air est presque
tiède. Il n'y a pas encore de vent. Ça fait trois
jours qu'à la barrière de l'horizon, au sud, un
grand nuage est à l'ancre, dansant sur place.

Et puis, aujourd'hui, il y a eu la pluie. Elle

est venue comme un oiseau, elle s'est posée, elle
est partie; on a vu l'ombre de ses ailes passer
sur les collines des Névières, elle est revenue
faire le tour d'Aubignane. puis elle a pris le
vol vers les plaines. Après ça, on a eu le soleil
qui a chauffé comme une bouche.

Panturle a défait ses houseaux d'étoffe. Il s'est
installé au soleil. Il a allongé ses pieds nus dans
la chaleur et il s'est amusé à agiter ses doigts de
pieds. Caroline toute sotte le regardait.

La Mamèche s'est plantée face au sud et, pen-
dans un long moment, elle a regardé le nuage
qui ne bougeait pas. Elle reniflait de longs morceaux d'air, elle le goûtait comme on goûte un
vin pour voir s'il est fait, s'il a fini de bouillir,
s'il a de l'alcool. Et puis, voyez : le nuage montait doucement vers le large du ciel; il quittait
la côte, il partait pour le voyage. C'est ça qu'elle
voulait voir.

Alors elle est rentrée chez elle; elle a fait
bouillir des pommes de terre; elle en a fait
bouillir de vieilles, des grosses, de toutes.
Quand elles ont été cuites, elle les a alignées
sur la table, elle les a encore comptées puis elle
s'est mise à calculer sur ses doigts.

— Un jour, deux jours, peut-être trois, peut-
être quatre.

A la fin, elle a dit :

— Ça fait le compte.

Elle a mis les pommes de terre dans une ser-

viette avec une poignée de gros sel et elle a attaché le paquet avec une liane de clématite.
Après, elle a enlevé le rosaire du cou de la
Vierge et elle l'a mis à son cou. Elle est restée
un moment à regarder la Vierge. Ses lèvres ne
bougeaient pas.

Alors, le nuage qui partait est passé devant
la fenêtre, et il avait bien pris de la vitesse,
et il montait vers le nord.

C'est la nuit de ce jour-là qu'il y a eu la
grande débâcle du ciel. Tout ce que le froid
avait gelé et durci, tout ce qu'il retenait immobile : tout ça, subitement s'est délivré et a
repris la vie. C'est le nuage à pluie. c'est le vent
des quatre coins, c'est la grande chanson des
arbres aux feuilles sèches, ces chênes têtus qui
ont gardé le pelage de l'an passé et qui parlent
dans le vent avec la voix du torrent.

Jusqu'au coucher du soleil, ça a marché. puis
Panturle a renfermé Caroline qui avait l'air
d'être un peu excitée, puis il a levé la tête vers
le village. Il y avait là-haut la Mamèche assise
sur le rempart et elle regardait quelque chose
au ciel dans la direction du sud.

Alors, il est venu la nuit, épaisse comme une
soupe de pois. Mais elle était quand même plus
aimable que celle-là qui semblait du fer à la
meule, avec toutes ses étoiles en bouquet. Elle
était plus aimable d'abord parce que plus douce

de chair et plus caressante; et puis, on entendait au travers d'elle la voix du ruisseau, la
voix du cyprès et, une fois, quelque chose qu'on
aurait dit être le glapis du renard si on n'avait
pas été si tôt d'époque.

Panturle a été vite endormi. Il était las. Sans
savoir pourquoi puisqu'il n'était pas allé chasser de ces quelques jours. Il n'est pas las de
fatigue, il est las comme si on avait fait des
trous dans ses bras, des trous à ses jambes et
qu'on ait laissé couler sa force. Oui, et qu'on
ait mis à la place de cette force du lait avec des
fleurs de sariette. Du lait. Il sent que ça coule
le long de son corps et ça le chatouille, et ça le
fait rire. Mais, il est las, et il a été vite endormi.

Et il a été tiré de son sommeil — ça pouvait
être la mi-nuit ou plus — par un grand cri qui
est venu le toucher dans l'oreille comme une
pierre :

— C'est Mamèche!

Sans voir la porte, en deux sauts, il a été dehors. Il avait encore les yeux collés de sommeil.

C'était bien la Mamèche. Elle était là-haut,
sur le rempart avec du feu dans la main. Elle
haussait la main et le feu. On la voyait tout
entière. Elle avait mis sur la tête son fichu noir.
La fumée du feu montait vers le nord.

— Que tu as? crie Panturle de toutes ses
forces.

— Rien.

— Malade?

— Non.

— Alors?...

Un moment sans répondre; on dirait qu'elle prend des forces pour bien crier, bien dire.

Elle montre le sud avec son flambeau :

— Ça vient. ça vient!

Elle n'est pas un peu folle? se demande Panturle.

Quand même il se retourne vers le sud, lui aussi. Ça a changé depuis la tombée du jour : une force souple et parfumée court dans la nuit. On dirait une jeune bête bien reposée. C'est tiède comme la vie sous le poil des bêtes, ça sent amer. Il renifle. Un peu comme l'aubépine. Ça vient du sud par bonds et on entend toute la terre qui en parle.

Le vent du printemps!

Au matin, Panturle a ouvert sa porte sur le monde délivré. C'est la vie, c'est la belle vie avec des gestes et des courses. Tout le bois, les bras en l'air. danse sur place une grande danse énervée. De larges navires d'ombre naviguent sur les collines. Le vol des nuages s'élance d'une rive du ciel à l'autre. Il passe dans le vent un corbeau tout éperdu, roulé comme une feuille morte.

Il a détaché Caroline. Ah! tout de suite, ça a semblé un jet de l'eau! Elle est partie en sau-

tant; on aurait dit une vague de poils au-dessus
de l'herbe. Elle est allée se planter des quatre
pattes devant le cyprès; elle l'a menacé un moment des cornes, puis elle est partie brusquement en sens inverse et l'herbe sifflait contre
ses jambes.

— C'est peut-être ça qu'elle voulait dire, la
Mamèche. Et alors, qu'est-ce que ça peut faire?
C'est le printemps, oui ça se voit.

Quand même il monte pour se rendre
compte.

Il n'y a personne chez la Mamèche. La
chambre est vide. Le matelas est roulé. On a
rangé la table et les chaises contre le mur
comme si on était parti pour longtemps. Et sur
la table on a posé un drap tout neuf, plié dans
ses huit plis... posé là, bien en évidence. Un
drap que Panturle connaît bien, le drap que
toutes les vieilles femmes conservent neuf au
fond de l'armoire parce qu'il est entendu que
c'est dans celui-là qu'on les pliera, à la fin...

Panturle revient au seuil et crie:

— Oh! Mamèche!

Comme ça jusqu'à midi, il a cherché dans
tout le village, et il est entré dans toutes les
maisons, et il est allé voir dans les décombres
de tous les murs tombés du dernier vent.

— Mamèche, oh Mamèche!

Puis il est revenu à la maison toujours vide, et le drap neuf sur la table.

Alors il se dit :

— Je vais aller voir sur le plateau.

Sur le plateau, on n'y va pas souvent et jamais volontiers. C'est une étendue toute plate à perte de vue. C'est de l'herbe. et de l'herbe, et de l'herbe, sans un arbre. C'est plat. Quand on est debout là-dessus et qu'on marche, on est seul à dépasser les herbes. Ça fait une drôle d'impression. Il semble qu'on est toujours désigné pour quelque chose. Ça commence aux dernières maisons du haut d'Aubignane et ça s'en va. En réalité, ça s'en va jusqu'à Blaine, à quarante-deux kilomètres en tirant droit mais on n'est pas forcé de le savoir et, ce que ça montre d'habitude, ça n'indique pas que ça s'en aille vers une chose humaine. Ça montre au loin. là-bas, une barrière grise faite de la poussière qui marche devant le vent.

Il n'y a rien sur le plateau : le vent seul... Et comme vent. celui qui s'est annoncé la nuit passée : ce vent-chèvre, le printemps. Le voilà là-bas avec sa poussière; le voilà ici maintenant; le voilà là-bas, sur l'herbe; il est partout.

— Mamèche, Mamèche!

Rien. Le vent vient voir ce que c'est, puis repart.

Et maintenant, Panturle a la gorge raide d'avoir tant crié.

— Qu'est-ce qu'elle a eu comme ça, cette femme? Qui aurait dit ça qu'elle parte aussi, celle là?

Il est revenu au village. C'est le soir. A la maison de la Mamèche le peu de jour qui reste éclaire le drap blanc sur la table. Panturle a tiré la porte, puis il est venu au rempart et il a bien regardé tout le pays jusqu'au fin fond; le troupeau des collines, la longue ligne grise et plate qui est le rebord du plateau; son œil est allé au bout de la droite et au bout de la gauche.

Derrière lui, il y a Aubignane vide.

Il a bien regardé le pays jusqu'au fin fond et il a dit à haute voix :

— Voilà. Maintenant je suis seul.

III

GÉDÉMUS le rémouleur sort du bureau de tabac de Sault. Il vient d'acheter six paquets de gris. Il les tient contre sa poitrine pendant qu'il ferme la porte.

— Tu as peur que ça augmente, crie Reboulin de l'autre côté de la rue, tu fais provision?

— Monstre, dit Gédémus, toi. quand tu veux fumer, tu fais trois pas et tu es au bureau. moi je pars demain. Tu as pas vu que c'était le printemps? De quatre jours je ne vois plus le marchand de tabac.

Il place les paquets de tabac dans les poches. Il en garde un à la main; il l'ouvre et commence une cigarette en traversant la rue.

— Tiens, donne un peu, dit Reboulin, j'ai laissé le mien sur la cheminée.

— Va doucement, il faut que ça me fasse huit jours.

— Tu mets huit jours pour traverser?

— Tu es fou; je mets quatre jours. Seule-

ment, quand tu es de l'autre côté, ça n'est pas
encore le bureau de tabac, tu sais.

— Alors, tu couches sur le plateau?

— Oui.

— Ça ne te fait rien?

— Non.

— C'est vrai que ta voiture est pleine de couteaux qui coupent; qu'est-ce que tu risques?

— Oh! ça n'est pas ça qui empêcherait, mais
c'est mon chemin. Que ça soit d'un gros plaisir,
non, mais je n'ai jamais eu bien peur. Le tout,
c'est de bien connaître la direction et d'avoir de
bonnes étapes. D'ici, je vais jusqu'à la Trinité;
je couche là dans une grange qui tient le coup.
Le lendemain je vais jusqu'à la bergerie du
corbeau. De la bergerie, là, c'est plus difficile,
c'est tout effacé et il faut connaître, et il faut
bien avoir sa tête. Après, je prends à droite,
deux, trois heures, et je tombe sur le mas
Gallibert.

— Tu mènes Arsule?

— Tu veux que je la laisse?

— Non, mais c'est pour dire. Tu es un ban-
dit, Gédémus; tu ne peux plus vivre sans cette
femme.

— Ah! tu te fais des idées. A mon âge... ça te
passera avant que ça me revienne. Tu ne vois
pas que je lui fais traîner la voiture?

Arsule?

Ah, c'est toute une histoire!

Arsule, elle s'est d'abord appelée « Mademoiselle Irène » et même : « Mademoiselle Irène
des grands théâtres de Paris et de l'Univers. »
Ça, vous comprenez bien, c'étaient des men-
songes. Pourtant, c'était écrit sur une affiche
faite à la main et collée sur la vitre du « Café
des Deux-Mondes ».

En réalité, c'était arrivé par la route de
Montbrun, derrière une carriole bâchée de
vieux draps sales. Un homme qui semblait un
assassin menait la mule par la figure. Celui-là,
il était inscrit sur l'affiche pour être : « L'illus-
tre Tony dans son répertoire. » Pour le moment, son répertoire c'étaient toutes les saloperies qu'il criait à son carcan de mule butée
des quatre fers contre l'ombre du lavoir.

Mademoiselle Irène était derrière la voiture.
Elle était bien fatiguée d'avoir fait la route à
pied avec de vieilles bottines d'homme à boutons trop grandes pour son pied et elle se faisait traîner en se tenant à la corde du frein. Elle
était enfarinée de poussière jusqu'à la taille.

Au « Café des Deux-Mondes » on avait fait
une estrade avec six tables de marbre là-bas,
dans le coin où était le vieux billard qu'on a
brûlé. Le soir, ça s'est rempli de monde. Il y
en avait jusque dans la cuisine. La mère Alloi-
son ne savait plus où donner de la tête. Tout
le monde tapait : « Un café, un café. » Et elle,

elle était là à dire : « Levez-vous un peu que j'attrape ma débéloire. »

Ah! oui, on riait et c'était pareil; ils pouvaient taper les autres. Enfin, ça s'est un peu arrangé, tout le monde y a mis du sien et quand ça a été à peu près calme Mademoiselle Irène est montée sur l'estrade. Elle avait de pauvres mains d'éplucheuse de pommes de terre. Elle avait des yeux, on ne savait pas dire, ça vous faisait peine, tenez. Elle était là, toute fatiguée de mille choses. Elle était là pour chanter et elle se souvenait avec douleur de la longue route et de mille choses, je vous dis, bien plus pénibles encore que la route, pour une femme. Elle était là.

Ça a fait rire.

Et elle n'a plus su que dire.

Ça a fini par une bataille. Le « Tony dans son répertoire » voulait lui casser une bouteille sur la figure et ça, on ne l'aurait pas permis. Ça a fini par une bonne bataille. Il y a eu des cris de femmes et des verres cassés. Mais, pas trop de mal pour ceux de Sault parce qu'ils tapaient tous ensemble sur le Tony. Le fils de la Marguerite se foula juste le poignet parce que, son coup de poing, c'est le marbré du comptoir qui le reçut.

Très bien. Mais le lendemain, la femme n'ose pas partir avec le Tony et elle reste là, chez nous, assise près de la fontaine, toute seule,

toute sale de larmes. Elle ne pleurait plus et
on ne pouvait pas savoir si elle pensait à
quelque chose ou à rien. Elle regardait l'eau
qui coulait de la fontaine.

C'était à l'époque de la lavande. A midi, il
arrive toute l'équipe de Garino, le lavandier.
Ils revenaient de la colline pour faire la sieste
des grandes chaleurs. Quand ils ont vu la
femme, ça a fait leur affaire. Ils se sont mis
autour d'elle, et de lui dire ci, et de lui dire
ça, jusqu'au moment où il y en a un qui a dit :
« Viens, on va te faire manger. » Alors, elle
a levé son œil vide sur celui-là et elle s'est
dressée. Et, au lieu de lui donner à manger, ils
l'ont fait boire comme un plan de courge, puis
ils s'en sont servis. Ils l'avaient menée dans
l'écurie de Martel et ils étaient tous devant la
porte à rire pendant que un était dedans avec la
femme. Puis, celui-là sortait. Il était rouge. Il
se mettait à rire encore plus fort que les autres,
on voyait bien qu'il se forçait pour ça. Et un
autre entrait. Et comme ça.

C'est la grosse Marie Guindon qui la leur a
enlevée des mains. Elle les a tous pris l'un
après l'autre. Et elle avait mis ses poings sur les
hanches, et elle leur disait leurs quatre vérités :

— Ah! c'est beau ce que vous faites. Ah! vous
avez bon air. Tenez, regardez-le celui-là, on le
prendrait sous le chapeau maintenant. Il y en a
pas un qui osera venir me toucher, moi. Je

me gênerais, moi, pour vous donner des gifles!

Puis elle est allée chercher Mademoiselle
Irène. La pauvre était molle comme une corde
et pleine de paille, et elle lui a dit :

— Entrez dans la cuisine, petite; levez-vous
de devant.

De ça, il y a bien cinq ans.

Dans le village, on l'a appelée Arsule. C'est
plus facile à dire qu'Irène, et puis Irène c'est
un nom de la ville, et puis c'est un mensonge.
Arsule, c'est un nom qui est d'ici. Depuis ce
temps, elle reste avec Gédémus. Elle lui fait la
soupe.

Et tout.

La route monte accompagnée par les deux
files de platanes. Les maisons ne vont pas plus
loin que le détour. Là, elles disent « au revoir »
et elles restent assises au bord des prés; elles
regardent la route qui part vers le large des
terres. Les platanes vont encore un peu jusqu'au milieu de la côte, mais, là, ils s'arrêtent
aussi. Alors la petite route s'en va toute seule.
D'un bon coup de rein, elle saute le mamelon
et, adieu, elle est partie.

Tant qu'on est à l'ombre, ça va, mais dès
qu'on arrive dans le soleil, Arsule sait que Gédémus va quitter la bricole et dire :

— Tiens, prends un peu. Je vais rouler une
cigarette.

Elle prend un peu. A partir de là, elle prend la bricole pour tout le temps que le travail durera. Lui, il l'aidera quelquefois dans les grosses montées. Puis, en octobre, au retour, quand on arrivera devant le premier platane, devant l'ombre, devant la descente, à dix minutes de la maison, Gédémus dira :

— Allons, donne un peu.

Et il reprendra la bricole.

Et tout cela, Arsule le sait. Par cœur. Et aussi le poids de la voiturette. Il y a d'abord, il y a surtout la machine à aiguiser avec sa lourde meule, en grosse pierre épaisse et ses solides montants de bois qui ne doivent pas trembler quand Gédémus pédale et que la pierre tourne. Ça pèse. Mais, ça, c'est obligé. On porte aussi une grosse pèlerine, et puis de quoi manger jusqu'à la première ferme. Autrement dit, du manger pour quatre jours. Ça n'est pas ça qui est lourd.

Enfin, on traîne... Et puis, l'habitude, ça fait beaucoup dans ce travail-là.

Les pauvres champs domestiques qui n'ont qu'un tendre pelage de salades, d'épinards ou de poireaux se tirent doucement en arrière. Ils sont en bas, tous serrés les uns dans les autres, à l'abri du village, il y en a même qui se glissent entre les maisons.

Comme on arrive sur le dos du mamelon, on

entend le ronron sauvage des genévriers. C'est
là-bas, de l'autre côté d'un petit val. La terre
est nue. Il n'y a, au fond de ce pli, qu'un vieux
peuplier. On remonte de l'autre côté sur un
sentier qu'il a fallu tailler à la barre à mine.
Plus d'herbes, seules, quelques touffes de thym,
un plan de sauge et son abeille; la roche gronde
sous les pieds. On monte, on tourne, plus de
village, plus de peupliers. Encore dix pas qui
comptent, dix pas où tout est utile, l'épaule qui
pèse en avant, la cuisse qui pousse, le pied qui
fait ressort, la tête qui commande : encore un,
encore un... Gédémus est aussi attelé à la charrette. Dix pas, et puis, pour revenir, c'est trop
tard : les grands genévriers bouchent la route,
derrière. On est en plein dans la terre libre.
C'est le plateau : voilà le plateau!

Plat comme une aire c'est la prairie des
nuages. Le sentier n'est plus qu'un petit ru
sec jusqu'à l'os.

C'est au ras des yeux comme une grande mer
toute sombre avec une houle de genévriers. Des
genévriers, des genévriers. De larges corbeaux
muets jaillissent de l'herbe et le vent les emporte.

Gédémus et Arsule s'en vont seuls. Le vent
souffle à travers les montants de bois de la machine à aiguiser comme à travers la mâture
d'une barque.

— On ne s'est pas trompé?

— Non, marche; ça va.

— Ça, là-bas, qu'est-ce que c'est?

— Rien, un arbre, un arbre mort.

— Tu es sûr?

— Eh! oui, marche. Chaque fois qu'on est ici, tu as peur. Qu'est-ce que tu crois que c'est? C'est un arbre. pas plus. Marche, je te dis.

Et, tout d'un coup, on se dégage de cette mer de genévriers. Dès l'orée du bois c'est la grande solitude de l'herbe. Un nuage s'est posé sur l'herbe, là-bas, au fond. Il monte. On commence à voir un petit liséré de ciel entre l'herbe et lui. Et comme ça tout bas qu'il est, il avance. A dix mètres là-haut il passe, insensible et puissant.

L'ombre marche sur la terre comme une bête; l'herbe s'aplatit, les sablonnières fument. L'ombre marche sur des pattes souples comme une bête. La voilà froide et lourde sur les épaules. Pas de bruit. Elle va son voyage. Elle passe. Voilà.

— N'aie pas peur, je te dis!

— Et ça, là-bas, qu'est-ce que c'est?

— Où?

— Ça, là-bas, droit dans l'herbe et tout noir, avec des bras, on dirait?

— Ça, c'est encore un arbre. Attends un peu. Je me demande si on ne s'est pas trompé. Il n'y a pas tant d'arbres que ça de ce côté. C'est bien un arbre mort pourtant. Qu'est-ce

que ça pourrait être autrement? Et on est bien
dans la direction. Voilà, à notre droite, les sables
de Chenerilles et, à notre gauche, là-bas, tu vois,
le long dos de Lure et, devant nous, le pas de
Pille-Chacun. C'est ça. Marche, c'est encore un
arbre. Tu fais attention à tout aussi!

Maintenant, ils sont dans le plein large. Le
plein large; il n'y a plus rien. Les bords transpa-
rents du ciel s'appuient de tous les côtés dans
l'herbe.

Vers midi, on s'arrête pour casser la croûte.
Arsule sort son épaule de la bricole de cuir
et elle fait aller deux ou trois fois son bras
pour le dégourdir. Gédémus reconnaît l'endroit. Il est content.

— C'est la bonne route. Je reconnais ça
comme une figure d'homme.

Puis il dit, soulagé :

— Ah! on a un peu la paix. J'en ai la tête
pleine, à la fin, de ce vent.

On tire la petite caisse qui est sous la meule.
Et c'est d'abord une miche trapue comme un
cochon de lait; c'est du saucisson; c'est un gros
morceau de jambon avec un papier fou collé
dessus le vif de la tranche. Il y a aussi deux
boîtes de sardines. Il y a trois grosses têtes
d'ail et c'est par là que Gédémus commence.

Ils sont assis dans l'herbe haute. Le vent

prend son élan et les saute. Ils sont au calme. C'est bon. Sur ce plateau si plat. si large, si bien tendu au soleil et le vent on n'est à son aise qu'assis. La chaleur de la terre monte dans les reins; les herbes sont là tout autour comme une peau de mouton qui tient chaud et qui cache. Quand on marche c'est le contraire : on a l'air d'être nu, tout faible; sur cette grande étendue plate il semble que partout des yeux vous regardent, des choses vous guettent. Là, on est à son aise. On peut penser à autre chose; on n'est pas toujours obligé de penser à cette terre plate et au vent qui s'y aiguise dessus.

Arsule mange aussi de l'ail. Sa tête dépasse les herbes; elle regarde le grand plateau qui est sous le ciel comme un autre ciel renversé. Elle regarde, au-delà, une montagne qui est bleue comme de l'eau profonde, les herbes qui vont au galop on ne sait où. Elle regarde et, tout d'un coup, elle fait : oh! oh! deux fois et elle reste comme ça, la bouche ouverte avec du pain et de l'ail plein la lèvre.

— Quoi?

Les yeux d'Arsule sont grands et blancs :

— Là!

Et elle dresse un peu son doigt.

— Eh bien! quoi, là!

— Ça a fait : hop! ça a monté au-dessus de l'herbe un moment, puis, hop. ça s'est baissé.

— Quoi ça a fait hop, quoi?

Gédémus reste avec du saucisson à la main.

— L'arbre!

— L'arbre? Tu es un peu malade?

— Oui, l'arbre. Ce qu'on voit depuis ce matin. Cette chose noire avec tantôt une branche de ce côté, tantôt une branche de là. Cette chose que je t'ai dit trois ou quatre fois : « Qu'est-ce que c'est? » et que tu as dit : « C'est un arbre, marche. » C'est là encore. Ça a fait : hop!

— C'est dans ton œil, bestiasse; comment veux-tu qu'un arbre ça fasse : hop!

— Ça l'a fait; c'est peut-être pas un arbre?

— Et qu'est-ce que tu veux que ça soit ici dessus?

— Je sais pas, moi, mais ça a fait : hop, c'est sûr; c'est pas dans mon œil, j'ai bien vu.

— Ne commence pas avec tes histoires.

Arsule se tait mais elle ne mange plus. Elle a toujours ses grands yeux de pâquerette. Gédémus mange encore un peu, il la regarde en dessous et, comme il voit qu'elle ne bouge pas, il dit :

— Attends, je vais voir... Et il se dresse.

Il fait quelques pas dans l'herbe mais il se retourne et il dit :

— Tu ferais bien de me donner le couteau.

Il s'en va alors avec le couteau tout nu à la main. Il marche doucement en regardant de

chaque côté comme s'il avait peur de mettre
le pied sur un serpent.

Arsule se fait petite dans son nid d'herbe.

Elle lui crie :

— C'est là-bas.

Et elle lui montre l'endroit juste.

Il va à cet endroit juste :

— Si c'est là tu as rêvé; il n'y a rien.

Il revient. On dirait qu'il a du souci. De
temps à autre il regarde derrière lui.

Il quitte le couteau dans la boîte.

— Il n'y a rien; pourtant, si tu te sens mal
ici, partons, on finira de manger en route et on
mangera encore mieux ce soir à la Trinité.

Sitôt debout et le pied dans la piste, il a fallu
compter avec le vent. Il venait bien en face et il
leur a plaqué sa grande main tiède sur la bouche; comme pour les empêcher de respirer. Ils
ont l'habitude; ils ont un peu tourné la figure
pour boire l'air sur le côté comme les nageurs
et, de cette façon, ils ont pu aller assez loin.
C'est pénible mais ça va, Alors, le vent s'est mis
à leur gratter les yeux avec ses ongles. Puis il
a essayé de les déshabiller; il a presque enlevé
la veste à Gédémus. Arsule tire la bricole et,
pour ça, elle s'est penchée en avant. Le vent
entre dans son corsage comme chez lui. Il lui
coule entre les seins, il lui descend sur le ventre
comme une main; il lui coule entre les cuisses;

il lui baigne toutes les cuisses, il la rafraîchit comme un bain. Elle a les reins et les hanches mouillés de vent. Elle le sent sur elle, frais, oui, mais tiède aussi et comme plein de fleurs, et tout en chatouilles, comme si on la fouettait avec des poignées de foin; ce qui se fait pour les fenaisons, et ça agace les femmes, oh! oui, et les hommes le savent bien.

Et tout d'un coup, elle se met à penser aux hommes. C'est ce vent aussi qui fait l'homme, depuis un moment.

Gédémus monte en deux sauts jusqu'à la hauteur d'Arsule :

— Tu n'as plus rien vu?

Il est inquiet, on dirait.

Arsule tourne vers lui un œil tendre et caressant :

— Non, plus rien.

Son corps est en travail comme du vin nouveau.

Tout par un coup, il est venu la lourde trêve du crépuscule; il n'y a plus de vent et il y a un grand silence craquant comme une pastèque.

Vers leurs pas la nuit s'avance; elle pousse devant elle les débris de la Trinité. On va y être.

La Trinité, c'était, dans le temps, un hameau tout ramassé au milieu du plateau, une dizaine

de maisons serrées les unes contre les autres.
Elles se tenaient dos contre dos, elles mon-
traient à la terre les grands porches ouverts des
granges et les dents des herses. Elles se défen-
daient bien. Mais, à cet endroit-là, le plateau
commence à être quelque chose de pas ordinaire. A perte de vue, immense et nu, et tellement, tellement plat à donner le mal au cœur,
qu'il vous prend soudain le besoin de voir une
chose qui monte en l'air. C'est comme un sommeil. Ça vous tient dans la tête et ça serre tout
l'entour des yeux; à la fin, on y tient plus; on
jette les pierres en l'air, rien que pour les voir
monter.

C'est presque au milieu d'un tas de décombres que Gédémus a découvert une grangette encore tiède. C'est là qu'on passe la
première nuit. Il faut enjamber des débris de
murs et écarter les branches des figuiers fous et,
ces branches, maintenant nues et tordues, et
fraîches de nuit, quand on les touche, on dirait
des serpents.

La grangette est au milieu de ce nid de
figuiers. On dirait une cave parce que la maison de derrière s'est écroulée et a bouché les
fenêtres, parce que la maison de devant s'est
écroulée aussi et a à moitié bouché la porte
et qu'il faut entrer en se baissant et des-

cendre. Une fois dedans, c'est très bien. On
pousse la machine à aiguiser dans le fond.

— Ah! dit Gédémus en soupirant, nous voilà
arrivés. C'est pas malheureux. On a beau dire
et beau faire, il y a un bout de chemin de
Sault ici, et puis, marcher sur le plateau c'est
pas comme si on marchait sur une route, eh,
Arsule?

Arsule a tout le bras droit comme mort. Elle
touche son épaule où la bricole a fait une
marque qui se sent sous le corsage. Ça fait mal.
Il n'y a plus le vent pour la caresser, elle est
fatiguée. Quand même, elle pense encore à
l'homme. Il semble qu'il y a encore les doigts
du vent sur elle, cette grande main du vent
plaquée à nu sur sa chair.

— Regarde au fond de la caisse, je crois que
j'ai mis des bougies.

Il n'y a plus qu'un petit carré de jour sale
tendu devant la porte. Il reste encore un vantail de bois qu'on peut fermer en faisant attention aux vieux gonds. Ce qu'on pousse dehors,
comme ça, c'est un ciel sale et gris, tout troublé
de nuit; on est enfin à l'abri. La lumière de la
bougie est là comme un fruit roux sur la paille.

— Ecoute, dit Gédémus, on a bien marché
aujourd'hui, et puis ce vent nous a battus; on
va ouvrir une boîte de sardines. Tant pis, on
fait la fête. Et puis, on va boire un bon coup.
Ce midi, on est parti de là-bas comme si on

avait le feu aux culottes. Donne la gourde, celle du vin.

Il y a deux gourdes qui tiennent chacune dans les deux litres. Dans une, il y a le vin; dans l'autre il y a de l'eau. Il est bien entendu que c'est pour mélanger.

— Bois-en du pur. toi aussi, va, Arsule, et donne la boîte de sardines.

En ouvrant la boîte, l'huile coule sur les doigts de Gédémus. Il les lèche.

— C'est des fameuses!

Arsule a préparé deux tartines de pain. C'est à ce moment-là que c'est venu. Ils ne parlaient déjà plus. Ils mangeaient; ils regardaient la flamme de la bougie et ils pensaient chacun à leur chose, et, pendant un bon moment, ils se sont dit : c'est le vent qui est revenu, puis ils sont restés encore comme ce tantôt, la bouche pleine, à écouter.

Et il n'y avait rien à écouter.

Alors, ils se sont remis à manger; le regard de Gédémus a quitté la bougie et il est allé à la porte. Autour du vantail il n'y avait plus le cadre du jour gris. La nuit pesait de l'épaule contre la porte.

— Ça va? a demandé Gédémus.

— Oui, a dit Arsule.

Après ça, il y a eu un long moment de calme. Ça leur avait fait du bien de dire deux mots. Puis, à force de durer. ce calme a été bien plus désagréable que le reste et ils se sont remis à parler.

— Tu veux qu'on ouvre encore une boîte de sardines, Arsule?

— On n'en a que deux, tu sais, et ça fait à peine le premier jour.

C'est vrai : il semble qu'ils sont sur le plateau depuis longtemps, longtemps. Ce qui était avant est devenu si petit.

— Tu sais à quoi je pense, Arsule? Je pense que, dans la vie, on est tout le temps trop bête. Quand on a de bonnes choses, on est toujours là à les garder pour le lendemain. Pour ce qu'on est sur la terre! Je ne dis pas ça pour les sardines! Là, ça va bien; on les mangera demain. Demain, c'est pas loin. Quoique d'ici là, il y a mille fois le temps de... Je dis pas ça pour nous. C'est le parlé qui fait le parlé. Mais crois-moi, la moitié du temps on est des ânes. Une fois c'est une chose, une fois c'est l'autre qui vous tombe dessus et, mon ami, c'est trop tard. Raclé.

Si on savait tout!

Il n'y avait toujours rien à écouter. Rien que le Gédémus. Il avait l'air de se soulager en parlant. Arsule écoutait les mots mais, autour des mots, elle écoutait le silence aussi parce que, vraiment, il y avait eu tout à l'heure dans ce silence quelque chose de pas naturel. Et on avait beau parler et parler, ça ne faisait pas que ce qui était venu tout à l'heure ne revienne pas. La preuve que Gédémus y pensait aussi, c'est qu'il regardait la porte de temps en temps.

— Si on savait tout! C'est pas que ça me fasse quelque chose, non, c'est pour dire, mais, c'est comme moi, à mon âge, de courir comme ça dans ces pays pas catholiques... C'est pas ça, il y a plus de trente ans que je passe par là; je sais ce que je fais, je ne suis pas un enfant; c'est pour dire. Plus de cent fois j'ai eu l'occasion de prendre un bout de terre, et plus de besoin de sortir. On serait tranquillement là-bas à Sault...

La bougie est à moitié. On ne peut pas parler comme ça toute la nuit. Quand on dort, on n'entend rien.

— Tu es fatiguée, Arsule, on dort?

Avant, il est allé jusqu'à la porte. Il a écouté. Puis, il a entrebâillé la porte et il a passé la tête dehors pour voir. Il n'y a rien sur le plateau, il est blanc jusqu'à la perte des yeux. Il n'y a rien dans le ciel. La lune, toute nue, est seule au milieu de la nuit comme une amande.

Ils ont dû dormir assez longtemps. La fatigue d'abord et puis aussi l'envie de ne plus rien entendre, de ne plus rien voir.

Comme Arsule commençait à s'endormir, elle n'a plus su ce qu'elle faisait et ça a été son corps en travail qui a commandé. Elle s'est ap-

prochée doucement de Gédémus, elle s'est serrée contre lui, elle s'est mise là, contre la cuisse
de l'homme; elle a serré la cuisse de l'homme
dans ses cuisses et le bourgeon de ses seins était
contre le dos de Gédémus. Là, elle s'est endor-
mie. Ils ont dû rester comme ça assez longtemps et, tout à coup, ils se sont réveillés.

Les choses avaient marché pendant ce temps.
Le plateau, le vent, la nuit, tout cela avait eu
le temps de se préparer et c'était fin prêt. Il y
avait dessous la porte une épaisse barre d'argent
large de quatre travers de doigt, et c'était la lumière de la lune. Il était venu un vent de nuit
de forte haleine; il galopait bride abattue à
travers tout le plateau, il avait un long gémissement comme pour boire tout le ciel. La gi-
neste craquait sous ses pieds, les genévriers écra-
sés criaient; les figuiers griffaient les murs et
leurs grandes souches grondaient dans la terre
sous les pierres. Il y avait tous ces bruits, mais
ce n'était pas ça qui les avait réveillés : c'était
le bruit d'un pas et d'un claquement d'étoffe :

— Tu entends?

— Oui, souffle Arsule.

— Ne bouge pas.

C'est à côté. Ça tâte les murs. Une pierre
tombe.

— Ne bouge pas, répète doucement Gédémus à Arsule qui ne bouge pas.

Ça passe à travers le fouillis des figuiers. On

s'arrête pour décrocher l'étoffe. Puis le pas. Ils
sont serrés l'un contre l'autre. Ils ne bougent
pas. Il ne faut pas que la paille craque. Par leur
bouche grande ouverte, ils font passer de longs
morceaux de leur respiration, doucement, lon-
guement, sans bruit. Il faut qu'ils soient là,
dans le milieu de l'ombre, muets, immobiles,
comme de l'ombre. Il le faut. Ce n'est plus
pour rire. Et, tout d'un coup, il le faut tellement qu'ils arrêtent leur souffle.

Une ombre a éteint la barre d'argent qui luit
sous la porte. Ça y est. C'est du bon cette fois,
c'est là devant. Un bruit de rien frôle la porte,
tâte le bois. Il semble que c'est une main qui
s'appuie sur le vantail pour voir si c'est
fermé. C'est fermé. La grosse pierre qui tient
fermé a un peu bougé. Elle a grincé. Tout
léger que c'est, c'est quand même une force qui
est là, qui est venue voir, qui a tâté...

Et c'est parti. L'eau de la lune s'est remise à
couler, toute claire, sous la porte.

Ils ont attendu un bon moment, sans rien
dire, sans bouger, toujours pareils à de l'ombre.
Ils avaient les yeux tout ouverts et ils regardaient la barre de la lune parce que c'était ça,
l'indication.

Il n'y a plus rien. Il n'y a plus que le vent.

C'est encore au bout d'un plus long moment
que Gédémus a osé se tourner et il est venu
face à Arsule; et il avait sa tête, sa bouche

tout contre la tête, la bouche d'Arsule et il lui
a dit :

— Tu as vu?

— Oui.

— Ecoute : cet après-midi, sur le plateau,
quand je suis allé pour regarder à l'endroit
où ça avait fait : hop, l'herbe était toute couchée, comme sous un poids, comme sous le
poids d'une bête; elle était en train de se relever Mais, quand je suis arrivé là, elle était apla-
tie. Voilà, et tu as vu. Il y a quelque chose entre
nous, cette fois.

La porte est ouverte et il fait grand jour.

— Arsule, comment veux-tu qu'un pays
comme ça nous fasse du mal, regarde-le, tiens,
c'est pas beau, ça?

Tout bleu d'iris, terre et ciel avec, à l'ouest,
un bouquet de nuages; le jeune soleil marche,
enfoncé dans les herbes jusqu'aux genoux. Le
vent éparpille de la rosée comme un poulain
qui se vautre. Il fait jaillir des vols de moineaux
qui nagent un moment entre les vagues du ciel,
ivres, étourdis de cris, puis qui s'abattent
comme des poignées de pierres.

— Ah! on est de beaux soldats, l'un et puis
l'autre.

On a sorti la machine à aiguiser. Elle est là
sur ses roues dans le droit fil d'un petit chemin.
Elle va partir : Arsule est attelée. Le jour est

beau comme une large pièce d'argent toute
neuve.

— On n'a qu'à marcher vers le soleil et, dans
deux heures on sera à la Pimprenelle. De là à
la fin des rates il faut encore trois heures, mais
c'est bon matin; en tout comptant et une chose
et l'autre, et la pause qu'on fera pour dîner
et un bout de sieste pour remplacer le temps
perdu cette nuit, on arrivera là-bas bien avant
le soir. En tout comptant.

Mais il n'a pas tout compté, et on est parti.

Ce devait être vers le milieu du matin et
Gédémus a tourné la tête pour regarder derrière lui. La Trinité est au fond des landes
comme un petit tas de cendres froides. Un peu
plus tard il a encore regardé et il n'y avait plus
de La Trinité, il n'y avait plus que le ciel à la
place. Alors, devant, il y avait du ciel, et du
ciel aussi de chaque côté; et, sous les pieds, il y
avait ce sol poreux qui sonne comme un plafond de cave; plus d'herbe mais des touffes de
genévriers, tout arc-boutés. On était cette fois
dans le grand large du plateau comme au milieu d'une mer.

Arsule s'est arrêtée.

— Ça vient de faire : hop, là devant...

Gédémus se gratte la tête.

— Loin?

— Non, là devant.

Là devant c'est l'herbe plate.

— Ecoute, dit-il, tournons un peu à droite alors.

Alors, on s'en est allé hors de la bonne route, dans des quartiers perdus où le ciel était collé si fort contre la terre qu'il fallait forcer de la tête pour passer entre les deux.

Le matin les a trouvés blêmes comme des oiseaux nus. Ils étaient dans un creux d'herbes. Ils se serraient l'un contre l'autre. Quand le jour les a touchés ils ont levé la tête et les yeux qui n'ont pas dormi ont reconnu la terre. Au-dessus du plateau, il y a une petite vapeur qui monte comme une fumée.

— Je sais où on est, dit Gédémus, on est près d'Aubignane; ça va pas mal, Arsule. Après, c'est Vachères. Ça va pas mal.

Le soleil leur a redonné du goût et ils ont osé se dresser. Arsule a passé son bras dans la bricole; on est reparti. Là devant, Gédémus sait que le plateau se casse brusquement et qu'il y a Aubignane, quelques maisons, un vallon avec des arbres, de l'eau; ça va pas mal.

L'aube est chaude. A l'est, le ciel est ouvert comme une porte de four. Plus d'herbe. Le plateau penche un peu et, sur cette pente, le vent a entassé tout son sable.

Arsule tire comme un âne : avec tout le poids de ses hanches et de ses reins.

Cette émotion de sa chair, ce travail du sang,
ça vient de revenir, à croire que c'est une malé-
diction. Ses seins sont encore comme des bour-
geons d'arbre. Elle tire sur son corsage parce
que le corsage frotte le bout de ses seins et que
ça l'énerve. Elle renifle pour mieux sentir
l'odeur de Gédémus qui sue. Elle sue, elle
aussi; elle se penche vers ses aisselles pour sentir son odeur à elle. Elle geint en elle-même :
maman, maman, comme pour la peur.

Aubignane est de la couleur du plateau. On
ne le voit pas à l'avance, puis, d'un coup on
y est.

— J'étais passé une fois, moi, dans le temps :
il y avait encore un peu de monde. Il y avait le
Jean Blanc qui restait sur la place de l'église.
Allons un peu voir.

Sur la place de l'église il n'y a plus que
l'herbe. On a cloué la porte de Jean Blanc.

— Il y avait le Paul Soubeyran dans la rue
après; il y avait l'Ozias Bonnet qui tenait épi-
cerie.

Il y a une maison tout ouvert au dedans
noir et qui sonne comme une grotte dès qu'on
met le pied sur le seuil : c'est la carcasse, pas
plus. Quand les yeux sont habitués à l'ombre,
on voit au fond comme un arbre en or et en
lumière. C'est une grande fente qui a partagé le
mur maître depuis la fondation jusqu'aux tuiles.

— Il y avait aussi un qu'on disait le Panturle, avec sa mère, mais en dehors du village,
en bas, tu vois, près du cyprès. Viens, on descend.

Là aussi la porte est fermée. Pourtant, il y
a un billot où on a fendu du bois à la hache. Il
y a des entailles fraîches dans le billot et des
copeaux frais dans l'herbe et un sentier qui
entre droit sous la porte et qui est bien vivant
encore. Pourtant, il y a une ceinture de laine
bleue pendue à une branche du cyprès et le
vent la balance. Mais, à bien regarder, elle est
vieille.

— Oh! l'homme, crie Gédémus.

Puis il dit :

— Celui-là, il n'y a pas longtemps qu'il est
parti.

Devant la maison, il y a de l'herbe verte et
douce. Il y a le cyprès et, comme un fait exprès,
une voix bonne à entendre, douce à l'oreille. Et
puis, il y a des abeilles qui ont niché sous une
tuile et qui grondent là, dans le ciel. Et puis,
comme un miracle, à n'y pas croire, à s'en frot-
ter les yeux, il y a un tout petit lilas fleuri.

— La pause, Arsule, la pause.

Gédémus, couché, s'étire comme un chien.

— On dormirait presque.

Non, elle ne pourra pas dormir, avec ce
besoin qui est en elle comme une eau qui ef-

fondre tout. Son cœur est une motte de terre qui fond. Elle est assise dans l'herbe. Il y a des pâquerettes entre ses jambes. Elle n'est plus qu'une peau toute vide; elle entend chanter au fond d'elle cette eau aigre comme du feu.

Elle ouvre son corsage. Elle sort ses seins. Ils sont durs et chauds et elle en a un dans chaque main...

C'est à ce moment-là qu'elle a vu sur le seuil blanc de la porte une flaque de sang épaisse comme une pivoine.

IV

PANTURLE a pris sur la paille une pomme de
l'automne dernier. Elle est froide et de peau
verte; il la chauffe dans sa paume; il la chauffe
avec sa bouche en soufflant dessus avant de
mordre.

Il est assis devant sa porte. Ça a fait du chemin depuis que la Mamèche est partie. Dans ce
coin, un petit bout de lilas va fleurir et le
vent de la plaine a porté jusqu'ici une grosse
abeille toute folle et qui s'est mise à renifler les
tuiles. Mais elle va mourir. C'est trop tôt de
quelques jours.

Il est allé guetter le renard. Ça se fait avec
beaucoup de silence et peu de gestes. On se
cache en colline et on écoute. Si on sait lire
dans les bruits de l'air on apprend qu'il couche
là, qu'il va de là à là, qu'il cherche les cailles,
qu'il suit les perdreaux. Après, caler le piège,
c'est un jeu.

A la guette du renard, Panturle a rencontré
le vent, le beau vent tout en plein, bien gras et
libre, plus le vent de peu qui s'amuse à la balle,
mais le beau vent, large d'épaules qui bouscule
tout le pays. A le voir comme ça, Panturle s'est
dit : « Celui-là, c'est un monsieur. »

Il ne sait pas bien comment ça se fait; il était
couché dans l'herbe, et c'était pour le renard;
puis petit à petit il a glissé vers autre chose,
au moral. Il faut dire que, là où il est, c'est sur
cette bosse seule, face au midi où tout le mouvement de l'air passe. Le vent s'appuie sur lui
de tout son poids, par larges coups, longs et
lourds, puis, s'envole, et c'est un ronron comme
de chat. Il est là à plat ventre sur la terre et le
vent presse comme une éponge. Cette chose du
renard et du glapit qu'il faut guetter, ça coule
de lui dans l'herbe et la terre le boit. Ces autres
choses auxquelles il pensait, qui sont dans sa
peau comme des vinaigres ou des eaux douces,
elles coulent aussi de lui pressé de vent; et
c'est aussi l'herbe et la terre qui le boivent.
    Le voilà vide tout d'un coup.
    Le vent toque du doigt contre lui comme
contre un baril, pour voir s'il reste encore du
jus. Non, Panturle sonne sous le doigt du vent
comme un baril vide.
    Il est revenu à la maison presque au soir. Il
n'y avait jamais eu de renard sur la terre.

Il s'est aperçu que c'était presque le soir parce qu'en marchant la tête haute vers le vent, il a vu le soleil qui passait ses cornes par le fenestron du clocher. Il se sent tout lavé de haut en bas comme un drap avec une brosse. Il est tout blanc, il est tout neuf. Il va sur la terre avec un cœur propre.

Le jour d'après, il a quand même entendu le renard. C'est la grosse habitude, la mécanique de la tête qui tourne encore de son propre élan. C'est venu du Valgast, puis du Chaume-Bâtard, donc, dans le creux des terres fortes, la bête passe quelque part, au milieu des pierres. Ça va. Le piège est de bon acier; il claque de la mâchoire comme un maître. De la tripe de lapin pourrie, graisser le ressort et ça y est.

Panturle se redresse; il voit l'aubépine du ruisseau. Elle est neuve, elle aussi, et fleurie; elle écume. Comme il est là, une pelote de plumes et de cris lui vient frapper la poitrine, tombe à terre, se partage et rejaillit de l'herbe en deux moineaux.

— Oh! follets; on n'y voit plus alors?

Au même moment le vent le ceinture d'un bras tiède et l'emmène avec lui. La raison qu'il se donne c'est qu'il est de trop bonne heure pour piéger. Le vrai, c'est qu'il lui semble partir en promenade avec un ami.

Il y a Caroline qui bêle. Ce n'est plus sa
voix de vieille bique. mais un petit tremble-
ment doux d'enfant-chèvre. Elle se plaint
comme ça aux quatre coins de l'air. Elle gémit
devant le cyprès, devant l'aubépine. Elle a mangé la première fleur du lilas. Ce matin. il n'est
sorti de ses mamelles que deux ou trois gouttes
de lait jaune qui sont restées dans les poils.
Panturle insiste du pouce. Caroline rue, se dégage et va gémir contre la lucarne qui souffle le
souffle en fleur du vent.

Le bol est vide.

— Et alors, Caroline, et alors, et alors, c'est
déjà fini?

Elle vient vers lui toute tremblante, pousse
sa tête rocailleuse contre la tête de l'homme,
doucement, en caresse, et geint.

— Et alors, Caroline, et alors? répète Panturle.

Cette aubépine où se pose le soleil dès qu'il
dépasse la colline, elle a un rossignol dans ses
feuilles. On dirait que c'est elle qui chante.

Il est venu dans le petit pré une ondulation
d'herbe et il ne faisait pas de vent; à cause de
ça, Panturle a vu la couleuvre qui s'en allait
sa route, toute frétillante, vêtue de neuf. Quand
elle a été au bout du pré, elle s'est retournée;
on voyait qu'elle n'avait rien d'autre à faire que
de nager de tout son corps dans la fraîcheur

verte. Il y a maintenant, sous l'auvent des tuiles, un petit essaim qui cherche un abri. On dirait une poignée de balles de blé que le vent porte.

Il est venu aussi — c'était dans les midi — un grand chien inconnu. La lisière du bois s'est ouverte; il a hésité au seuil du pré. Il était maigre et tout en os comme un cep de vigne; sa gueule rouge cherche le fil du vent. Il est allé sur le ruisseau et il a bu. Il buvait, puis, il levait la tête et regardait Panturle un moment; il se remettait à boire. On entendait l'eau qui descendait dans son gosier par blocs épais et ça s'entassait dans sa peau avec du vent. D'un coup, une odeur a dû passer et il s'est lancé derrière elle.

On sent que la terre s'est passionnée pour un travail qui éclate en gémissements d'herbes et passages de bêtes lourdes.

Les bêtes sont lourdes. Il y en a bien de légères et de maigres qui bondissent, des mâles, mais il y a surtout des bêtes lourdes, comme gonflées, et qui passent lentement dans les clairières et qui cherchent sous les buissons, et qu'on entend fouiller sous les chênes, dans les feuilles sèches.

Celles-là, quand Panturle les rencontre, il s'arrête et il les regarde sans bouger. Elles se hâtent péniblement vers un couvert, et là se

blottissent, essoufflées, l'œil tremblant, comme
une fleur au vent.

— C'est des femelles.

Il les laisse en paix parce qu'il est chasseur
et que c'est sa provision à lui qu'elles ont dans
le ventre.

— C'est une passion qu'elle a, la terre!

Il est inquiet et amer; il s'est aperçu brusquement qu'il était seul. Caroline n'a plus de lait.

— Il faudrait un bouc.

Cette nuit, il a eu un rêve qui l'a tourné
de côté et d'autre et qui l'agaçait comme un
chatouillement au creux du coude.

Avant de s'endormir, il a pensé à sa solitude,
à ce temps de Gaubert et de Mamèche. Puis il
a pensé avec ardeur à la Mamèche elle-même.
Si elle avait été plus jeune... Folie de se dire ça,
mais, aussi, cette grande haine que le monde a
contre lui, depuis le soleil jusqu'à l'herbe. Cette
force folle que le printemps a mise au creux
de ses reins et qui bout. là, comme une eau toujours sur le feu... Si la Mamèche était encore là,
il attendrait le jour, ah oui, il attendrait le
jour, parce que cette nuit est trop mauvaise
pour son entendement et il n'est pas sûr de ses
gestes, et puis, le jour venu, il irait lui dire :

— Puisque tu veux m'en chercher une de

femme, va, puisque tu sais où elles sont celles
qui veulent.

Mais, à y réfléchir, c'est peut-être ça son dé-
part. Elle était tenace dans ses idées.

On a cogné contre la porte.

Un bond; il va ouvrir : la nuit déserte le
salue.

Il s'est recouché. Il s'est endormi, et, tout de
suite cette femme qu'il veut, il l'a eue là, allon-
gée contre lui. C'est de la chair blanche, c'est
contre lui du genou jusqu'à la poitrine. Il s'est
réveillé comme un bloc de bois qui a plongé
remonte au-dessus de l'eau. Il est étendu sur
le ventre. Il s'est remis sur le dos.

Alors, c'est revenu, plus doucement, de plus
loin, mais c'est revenu : Une maison où il allait
du temps de son service militaire derrière les
abattoirs de la ville. Chaque fois on se battait
avec les artilleurs. On passait un petit pont.
Dans le ruisseau sale, dessous, l'eau dormait
dans les détritus et les débris de viande; une
eau noire avec une peau de soie de toutes les
couleurs. Il y avait de tout : des vieilles tripes,
des pieds de bœuf écorchés, raides, avec le sa-
bot gonflé comme une tête.

Il a sauté sur son matelas comme un poisson.
Il s'est réveillé, il est allé devant la fenêtre.
Dehors, c'est la belle lune et il est resté tout
malade contre cette belle lune qui fait déborder
le bassin de la vitre jusque près de l'âtre.

Une bête est venue jouer dans la prairie. Ce devait être une femelle de blaireau. Elle s'est mise sur le dos, le ventre en l'air, un beau ventre large et velouté comme la nuit et qui était plein et lourd.

Ce matin, il essaye encore de traire Caroline. La mamelle est dans sa main comme une petite bête morte. Elle ne vient même plus cette goutte de lait jaune... c'est fini.

Il lui donne un coup de poing dans les côtes. Etonnée, Caroline esquive un autre coup en creusant les reins. Il a frappé. Pourquoi?

Il a encore besoin de frapper. Ce ne serait pas Caroline — la chèvre — il frapperait encore. Si seulement c'était un homme il frapperait encore. Ça lui fait du bien. Parce que autrement, il se sent amer et tout fleuri comme l'aubépine.

Et puis, il a attrapé le renard : c'était un jeune. Il était pris de tout juste à l'instant. Il devait être là à manger l'appât au bout des dents, se méfiant, connaissant le système et puis le pas de Panturle a sonné, le coup de dent a été un peu plus rapide, moins calculé et la mâchoire du piège a claqué sur son cou. Il est mort. Une longue épine d'acier traverse son cou. Il est encore chaud au fond du poil, et lourd d'avoir mangé. Panturle l'enlève du piège

et il se met du sang sur les doigts; de voir ce
sang comme ça, il est tout bouleversé. Il tient
le renard par les pattes de derrière, une dans
chaque main. Tout d'un coup ça a fait qu'il a,
d'un coup sec, serré les pattes dans ses poings,
qu'il a élargi les bras, et le renard s'est déchiré
dans le craquement de ses os, tout le long de
l'épine du dos, jusqu'au milieu de la poitrine.
Il s'est déroulé, toute une belle portion de
tripes pleines, et de l'odeur, chaude comme
l'odeur du fumier.

Ça a fait la roue folle dans les yeux de Panturle.

Il les a peut-être fermés.

Mais, à l'aveugle, il a mis sa grande main
dans le ventre de la bête et il a patouillé dans
le sang des choses molles qui s'écrasaient contre
ses doigts.

Ça giclait comme du raisin.

C'était si bon qu'il en a gémi.

Il est revenu à la maison. La bête crevée
chauffait son poing comme une bouche.

Il a pendu le renard sur son seuil pour l'écorcher. Il a du sang jusqu'au poignet; il y en a
même un filet qui coule, se sèche, puis coule le
long de son bras, dans les poils. Il y a aussi du
sang sur l'escalier de la porte. Il pèse avec son
couteau pointu sur la peau; le couteau hésite

puis, brusquement, se décide, s'enfonce et il faut retenir.

C'est bon quand on sent que le couteau entre!

Ça aurait pu être une femelle.

Avec des petits comme des noix blanches. Un chapelet de petits!

Ça aurait pu être la mère blaireau avec son ventre lourd qui flottait dans la fontaine de la lune.

— A quoi je vais penser. Je suis un peu fou, hé!

Le vent est dans sa chemise, contre sa peau, tout enroulé, tout frétillant comme une couleuvre. Le paquet des boyaux est dans l'herbe juste sous l'odeur du lilas...

Il fouille dans le renard comme dans une poche. Ça, lourd et juteux comme un fruit mûr qu'il écrase, ça sent l'amer, ça sent l'aubépine. C'est le foie. Du fiel vert gicle sur son pouce...

Brusquement, il a été rappelé de ce côté-ci du monde. Et c'est une bonne poigne qui l'a pris au collet et l'a planté sur ses pieds dans notre monde d'Aubignane. en face de sa maison, en train d'écorcher un renard comme un saligaud.

On entend marcher sur le chemin du village.

Il écoute, et c'est bien un pas qui bouge sur les pierres.

La Mamèche?

Non, une voix d'homme, et puis une autre voix en réponse qui lui fait tressaillir tout le cœur et lui jette à la figure toute la chaude honte d'avoir patouillé avec les mains dans le sang.

Il découche la bête. Il entre dans la maison. Il ferme doucement la porte. Il pousse le gros verrou.

Il n'entend plus de bruit. Il sait qu'ils se sont couchés dans l'herbe. Il se baisse. Il délace ses gros souliers. Il va sur ses pieds nus jusqu'à la porte. Oui, ils sont là.

Pour les voir?... Du grenier...

Il monte doucement les escaliers, équilibré de ses deux bras étendus. La lucarne est à ras du plancher. Il se couche. Il s'avance d'elle en rampant.

Il les voit. Il la voit.

Il est dans l'ombre. Eux au soleil. C'est la chasse. Elle est jeune!

D'un bond, sans prendre garde au bruit qu'il fait, il se dresse, il se rue vers les escaliers, car là-bas la femme a ouvert son corsage. Elle tient ses mamelles dans ses mains.

Il bute dans le pétrin, il roule à terre.

— ... de dieu!

Et un coup de poing dans cette grande poitrine de bois. Il se relève, cogne de la tête
dans la pente du toit. On dirait que sa bouche
est pleine de cette fleur de l'aubépine. Il crache.
L'ombre de l'escalier tout étoilée d'étoiles d'or
qui dansent et qui sont dans ses yeux, l'ombre
de l'escalier est toute rouge dans laquelle il
trébuche, ploie des genoux, saute, glisse et descend tant sur les reins que sur les coudes,
emporté par le grand élan de toute sa chair.

Deux sauts, et il renverse son chaudron...

Ah! que sa main est longue à trouver le
verrou; un de ses ongles se tord sur le fer. Il
arrache la porte qui hurle... Personne!

Le cyprès, le lilas avec sa fleur à moitié ron-
gée par Caroline, les abeilles du toit qui mon-
tent et descendent et un petit vent dans le
clocher, là-haut.

Il renifle un grand reniflement qui est celui
des sangliers surpris, un avalement d'air qui
siffle dans sa narine large ouverte.

Elle est gonflée, sa poitrine, et il bat son
poing sur elle dans un grand coup.

Mais, là, dans l'herbe, une tache ronde, un
nid... La femme était là. Ce n'est plus de la
nourriture de vent comme cette nuit, ça.

Il y a dans ce sentier une branche qui bouge
de gauche à droite; si c'était du mouvement de
l'air elle bougerait de bas en haut.

Un bruit de pierres qui roulent.

La branche, le bruit de pierres, ça donne
une direction...

C'est par là...

Bon.

Par là, c'est tout un; on ne peut faire qu'une
chose : aller d'ici aux Plantades, des Plantades
aux Moulières et après les Moulières on passe
au bas de Soubeyran sous le saut du ruisseau
Gaudissart.

Bon.

Il ouvre la bouche pour se gonfler à bloc de
bon air doux. Courir derrière? Non, il sait.

Il y a trop de jour et tout ce jour c'est une
défense pour l'homme et pour la femme. Que
faire au milieu de ce jour sinon parler avec des
paroles d'homme? Il ne sait pas parler avec des
paroles d'homme pour cette chose-là. Il est trop
plein de cette bouillante force, il a besoin du
geste des bêtes.

Il est rentré, il a remis ses souliers. Il a pris
son couteau d'écorcheur de renard et il est
venu là, sous le cyprès. Il a avalé encore deux
ou trois goulées d'air, puis il est parti sur son
chemin de printemps.

C'est bien ça!

Voilà le sentier, la piste de la femme. Elle est
là sur ce petit fil de terre qui tremble entre les
herbes. Il a un grand rire qui ne fait pas de
bruit, son rire de chasseur. Il rit de savoir lire
cette chose écrite dans l'air et dans la terre.

C'est ce sentier, aussi. qui le fait rire. Ce sentier
qui est déroulé dans les collines comme la longe
d'un fouet, et lui, il tient le manche. Avec un
bon fouet et un lié sec du poignet on va cueillir
une fleur à deux mètres, dans le pré, là-bas.
C'est comme ça ici. Plus grand.

Ça le fait rire. Il en bave; il s'essuie avec le
dos de sa main cimentée de sang. Il a du sang
de renard sur la bouche.

Le printemps est cramponné sur ses épaules
comme un gros chat.

Le ruisseau Gaudissart coule un bon moment sur les herbes couchées. puis il commence
à s'enrager contre les rochers. et, à la fin, il
s'enfonce dans la colline. Il a tranché de grands
bancs de pierre, il est descendu au fond de la
colline, il est là, dans une nuit grise, à ron-
ronner. C'est son nid. Des fois. il fait gonfler
son beau ventre tout écaillé d'écume; des fois il
s'étire entre deux os aigus de la roche; des fois
il fait nuit tout à fait et alors on voit seulement
son gros œil couleur d'herbe qui clignote et
qui guette.

Panturle connaît ça comme sa poche. Même
dans les endroits où c'est l'ombre bouchée. il
envoie son pied juste sur la pierre qu'il faut;
il tend la main et il saisit juste la racine qu'il
faut; il colle son dos contre le flanc huileux
des roches et il passe.

C'est un raccourci.

A l'autre bout du défilé, le ciel entre comme un coin de fer dans la colline. On commence à mieux y voir. Le Gaudissart file à toute allure comme dans une rigole de schiste bien polie. Il est là-dedans tout allongé, tout étiré, mâchuré par de grandes raies luisantes qui partent de l'ombre comme des flèches et, là-bas, dans le jour se courbent. Il semble qu'on a étiré le ruisseau, il semble qu'il y en a un, là-haut sur le plateau qui tire sur la queue du ruisseau et un autre, en bas dans les plaines qui tire sur la tête comme quand on veut écorcher une couleuvre. Et puis, en approchant toujours dans la direction du jour, ça devient comme de la soie, et c'est tout mol et tout en luisance, et ça se gonfle d'air et de vent, et enfin, ça reste plié sur la pente de la colline comme un foulard qu'on a mis à sécher au versant d'un talus.

C'est que le Gaudissart, tout mangeur de terre qu'il est, n'a pas assez mangé de plateau, qu'il débouche sur l'autre bord, à quarante mètres de haut, et que, de là, il saute.

Il saute en trois sauts, par trois escaliers arrondis, entre des coussins de mousse. Un petit saut d'enfant d'abord, puis, d'un élan, il dépasse la roche et s'envoie dans une épaisseur de six mètres d'air. Il se reçoit sur le ressort de ses reins, il roule sur une pente de vingt mètres et alors, d'un beau vol, bandé comme un arc, il

descend dans le plan Soubeyran au milieu
d'une cuve qui roule du tambour.

En bas, le sentier contourne la cuve, passe
au-dessus du ruisseau sur trois pierres plates et
s'éloigne en écrasant les prés sauvages.

Panturle s'est arrêté au débouché du ruisseau, juste au-dessus du saut du Gaudissart et
il a pris l'affût sous un pin. De là il voit l'orée
du bois et, dès le premier pas qu'ils feront hors
du couvert, il les suivra de l'œil d'après son
plan. Et le temps a passé, et, comme ça, son
désir s'est gonflé en lui jusqu'à l'emplir. Ça a
écrasé tout ce qui était de l'homme. Il n'est
plus resté là, dans l'herbe, que le grand mâle.
Ses yeux n'ont pas quitté le bord du bois. Rien
n'est venu au bas que deux pies qui appre-
naient à voler, les plumes du croupion en éven-
tail, et qui tombaient dans le foin sec comme
des balles.

Il a froncé sa bouche au lieu de rire, et reniflé, et craché, puis, à quatre pattes, il s'est avancé
dans les herbes jusqu'au rebord.

Le pin est penché sur l'eau. Il est tout mal-
traité de vent et d'eau; la peau de dessous le
tronc toute moisie. Panturle embrasse le tronc
gluant et il monte en faisant les ciseaux avec
ses genoux, en lançant ses grandes mains qui
se referment sur le rond des branches en tirant
des bras, glissant des reins, de la résine plein

les doigts. Dans le vide de sa tête, seul le vent sonne, et son désir.

Il s'est installé, tout cassé comme une bête sur la longue branche au-dessus du vide. Il voit bien de là. La branche craque. Il voit bien; sa guette le rend tout tremblant. Ses longs muscles jouent tout seuls de la claquette au milieu de la chair comme les longues cordes qui tiennent les seaux au fond des puits.

Rien.

La branche a craqué. Il est là, de tout son poids avec les feuilles.

Et soudain, la branche a eu un long gémissement et s'est penchée; il a donné un coup de rein dans son instinct d'animal et jeté les mains vers l'autre branche, là-haut; mais celle-là, c'est comme si elle s'envolait et il tombe.

Il reçoit dans le dos la grande gifle d'une main froide, et il voit les longs doigts blancs du ruisseau qui se ferment sur lui.

Tout de suite, l'eau esquive, le couvre de son corps épais et glissant. Il la repousse de la jambe et du bras; elle le ceinture, lui écrase le nez, lui fait toucher les deux épaules sur les pierres plates du fond.

Il fait le pont avec ses reins et, d'un lié de bras, d'un effort de poisson, il saute. Il vient buter de la bouche contre une masse d'air dur comme de la pierre. Il en avale de quoi s'emplir.

Il pèse aussi, lui. sur l'épaule de l'eau. Il lance sa main vers la rive. Il plante ses doigts dans la terre : elle est pourrie, elle cède à poignées; elle vole avec des bouts de joncs autour de la lutte.

La solide prise de l'eau est autour de sa ceinture; d'un coup, le ruisseau l'arrache, l'emporte, le lance par-dessus le rebord.

Il s'est écaillé sur le premier escalier, comme un crapaud, à plein ventre et, tout de suite, il a recommencé à lutter. Mais, au vrai, il bouge ses bras et ses jambes doucement, tout doucement comme dans de la glu; l'eau, elle, bouge ses bras et ses jambes avec de la double force et de la colère d'écume.

Tantôt il boit une goulée d'air et ça va, tantôt une goulée d'eau et ça va aussi, car il y a dans l'eau un grand visage de femme qui rit, avec deux canines très pointues sous les lèvres.

Et il a été jeté par-dessus le second rebord comme un paquet.

Il a roulé sans plus combattre sur la dernière pente. Il a roulé, mélangé avec de l'eau et de la mousse et la maison aux soldats, et la carne qui pourrissait à la porte comme des fleurs. Elles s'élargissent dans sa tête, ces fleurs de sang et de pus, pleines de mouches.

Des mouches d'or dans ses yeux.

Il semble que l'eau lui ferme la bouche avec un paquet de tripes froides.

Et il a fait, à la fin. le grand saut dans la
cuve.

Depuis un moment, il a recommencé à vivre,
mais il a gardé les yeux fermés.

Il est venu un grand bruit doux et une fraîcheur : plusieurs voix d'arbres qui parlaient
ensemble. Il s'est dit : c'est le vent. C'est de là
qu'il a recommencé à vivre.

Il a reconnu la nuit au goût de l'air dans
son nez. Alors, il a ouvert les yeux mais il
n'avait pas pensé à la lune et la grande lune
entre dans ses yeux sensibles comme un couteau. Il a vite fermé les yeux, mais, quand
même, à la volée, il a vu que sa tête était au
milieu de l'herbe. Qu'est-ce qu'il fait là? Il est
resté un bon moment à se le demander puis
il a reconnu le goût de sa bouche. C'était une
odeur de bouc et de mousse d'eau. Il a bougé
doucement sa langue et ses mâchoires comme
pour mâcher cette odeur et voir au fond si ça
ne ferait pas souvenir de quelque chose. Il y a
des petits grains de sable qui ont grincé entre
ses dents.

Un peu après, il s'est aperçu qu'il était couché à plat ventre sur la pierre froide et ça l'a
étonné : d'habitude, il ne se couche jamais
comme ça parce que ça donne des coliques.

C'est bien du petit gravier qu'il a dans
la bouche. Et puis, il a entendu au fond du

vent le bruit de la chute d'eau et il a tout compris, d'autant qu'à petits pas le sens lui revient. Il s'est souvenu de la dégringolade et de la branche de pin et il s'y voit encore pendu comme un singe. L'épaule lui fait mal, il soupire. un long soupir, et il entrouvre un peu l'œil pour voir s'il est bien sur l'herbe et sur la terre sèche.

C'est bien la terre et ça va mieux; il a vu, dans la lune toute propre, l'ombre d'un peuplier.

Il pense :

— Si je reste comme ça, sur le ventre, je vais attraper la misère, et il essaye de se tourner, et il se tourne d'un bloc. La lune pose son doigt blanc sur ses paupières. Une voix à côté de lui dit :

— Il a bougé.

Il a ouvert les yeux sans plus penser à la lune et il a dressé la tête; on dirait la voix de la femme.

Et c'est elle.

Elle est assise là, dans l'herbe, à côté de lui; elle le regarde. Elle a parlé; personne n'a répondu.

— Alors, ça va mieux? elle demande.

Sur le coup, il ne comprend pas, puis il répond :

— Mieux, oui; et vous?

— Moi, j'ai eu bien peur. Et j'ai pas pu

dormir. Je suis venue, comme ça, voir un peu ce
que vous faisiez; juste vous étiez en train de
vous tourner. Alors, j'ai pensé : ça va mieux; ça
m'a enlevé un poids de dessus la poitrine.

Elle est dans la lune. Il la voit bien : sa figure
pointue et pâle comme un gros navet, presque
pas de menton, un long nez en pierre lisse, des
yeux comme des prunes, ronds, veloutés, lui-
sants, sa lèvre gonflée par ces deux dents qui
pointent quand elle rit. C'est la plus belle!

— Vous êtes bien brave, dit Panturle. Et
alors, c'est vous qui m'avez tiré sur l'herbe?

Il crache pour faire sortir ce goût de sable
et de source qui est dans sa bouche.

Elle se traîne dans l'herbe sur les genoux
jusque près de Panturle :

— Je m'approche pour ne pas le réveiller.
Oui, c'est moi qui vous ai tiré. Ça s'est fait
comme on débouchait du bois. On avait le saut
du ruisseau tout pendu devant nos yeux et on
le regardait. Et puis, on avait vu un grand morceau d'arbre qui tombait, et puis, comme un
paquet de linge.

Il a dit : « On a laissé échapper la lessive. »
Je lui ai dit : « Oui, lessive, c'est un homme! »
Il m'a dit : « Ah, va, un homme?... »

Moi, j'avais tout de suite vu. Je lui ai encore
dit : « C'est un homme! »

C'est juste au moment où vous avez fait le
grand saut, et, on vous a bien vu, tout allongé

dans l'eau qui tombait. Alors on est venu en
courant. Vous filiez tout raide sous l'eau comme
un gros poisson, et l'élan vous a mis au bord.
Et on vous a tiré sur l'herbe, lui et moi. Tout
de suite, vous avez dégorgé de l'eau. Il m'a dit :
« Il n'est pas mort, il va revenir. » On a attendu
un moment. Ça ne revenait pas. Alors, il a dit :
« D'autant plus qu'il fait nuit, qu'on couche là
ou ailleurs, ça fait pareil. Seulement, il faut s'en
aller d'à côté de la chute parce que c'est tout
humide comme de pluie. Et on est venu jusqu'ici. On vous a traîné dans l'herbe parce que
vous êtes lourd et que lui c'est un vieux et que
moi, pas vrai, je ne suis qu'une femme. Regardez, il y a encore la trace dans l'herbe.

C'est vrai, il y a dans le pré une large piste
d'herbe couchée. Panturle est au bout comme
un char au bout de son chemin.

— Ça vous a donné de la peine? il dit.

— Oui, bien sûr, vous êtes lourd...

Elle continue :

— ... vous êtes lourd, mais on vous a tiré
par les bras; les jambes traînaient, puis on a
fait du feu, vous sentez.

On sent le thym brûlé et la souche de chêne.

— On a essayé de vous sécher. Et puis, vous
avez commencé à respirer. Alors, il a dit :
« Laissons-le, on va dormir. » Lui, il s'est mis à
dormir tout de suite. Moi, ça n'a pas été pos-

sible, je suis venue voir comment vous alliez, et
vous avez bougé. Voilà.

Ça lui paraît à la fin malhonnête d'être
étendu tout du long devant cette femme. Il
essaye de se dresser. Il a eu du mal dans son
épaule, puis dans sa hanche; puis, il s'est aperçu que c'est du mal de pas grand-chose et il
s'est trouvé assis.

— Ah! ça va mieux, il a dit; ça va mieux
comme ça.

La femme est un peu plus petite que lui.
Il baisse la tête pour la regarder, et elle, elle
lève sa figure pointue.

Il y a beaucoup de lune, de cette façon, sur
elle.

Elle demande :

— Et alors, tel que vous êtes, vous êtes de
par là ou vous venez de loin, ou d'ailleurs,
comme nous?

— Je suis du pays, dit Panturle.

— De celui où on est?

— Pas tout à fait, d'un peu plus à gauche.
De là, tenez, dit-il au bout d'un moment, après
avoir reconnu la masse noire de la colline; de
là... et il tend son doigt.

« D'Aubignane.

— D'Aubignane? On dirait pas. Il n'y a plus
personne.

— Que si, y a moi; vous étiez devant ma maison.

— Ah! c'est celle-là du sang?

Elle a un recul vers l'herbe et l'ombre de l'herbe. Ses mains sont cramponnées à ses genoux. Elle murmure :

— Il y avait du sang sur la porte; on a cru à un malheur et on a couru...

Il passe sur le silence un grand coup de vent plein de l'odeur des aubépines.

— J'écorchais un renard, dit Panturle.

— Ah, c'est ça?

— Oui.

« Quand on est seul, dit-il enfin, on est méchant; on le devient. J'étais pas comme ça avant... Ça doit être depuis que je suis seul, et c'est une affaire de temps aussi, ce temps de chaud ça m'a fait quelque chose. Autrement ce n'est pas mon naturel.

Elle le regarde.

— Non, ça ne semble pas que ça soit votre naturel.

Panturle a un long frisson qui le secoue.

— Vous avez froid?

— Non, mais c'est toute cette étoffe mouillée qui prend ma chaleur...

Il a encore quelque chose à dire. Il hésite un petit moment, puis ça lui semble tout simple et tout bon et il ajoute :

— Je vais me mettre nu, ça sera mieux.

Et elle dit :

— Eh! oui, faites.

Puis :

— Ne prenez pas mal.

Et lui, alors, il arrache son vêtement et sa chemise comme une peau et il reste là nu sous ses poils.

Il se couche dans l'herbe; il dit :

— Elle est chaude, touchez...

Elle touche l'herbe, là, à l'endroit où il est couché.

— Oui.

Et un peu sa chair, qui est quand même un peu froide.

— Vous n'aurez pas froid?

— Oh! j'ai l'habitude; il fait bon tiède et puis, l'herbe est bonne, et l'air est bon, et puis, je fais vite du chaud, moi. Tenez, touchez déjà.

Il lui prend la main et il l'applique sur sa poitrine, là où ça fait la bête qui tremble.

Et elle a senti le grand gonflement avec le mouvement des côtes comme un panier qu'on ouvre, le poil épais et, dessous en effet, la chaleur.

— C'est vrai, elle a dit, et elle a retiré doucement sa main.

Ils sont restés un moment sans rien dire. Elle s'est même forcée pour parler un peu.

— On a tapé à votre porte; et vous, où vous étiez?

— J'étais dedans.

— Alors? Vous n'avez pas répondu. C'est pas brave, ça. Et pourquoi?

— Oh, parce que...

— Alors vous êtes comme ça, vous? Et si on avait eu besoin?

— Ça c'est vrai, mais j'avais honte.

— Et pourquoi?

— Ça, pour le savoir! J'avais honte, voilà.

Elle le regarde nu, dans l'herbe, avec la lune qui le baigne d'un côté.

— Mais pourquoi? Voyez, c'est nous qui vous avons tiré de la cuve. Sans nous?... Alors, vous êtes resté dedans tout fermé, dans les murs, à pas bouger, à nous écouter sans rien dire. On avait peut-être besoin de quelque chose. C'est de nous que vous avez honte?

C'est ça qui fait asseoir Panturle, et c'est de là qu'il est parti à parler. Il a pris la main de la femme dans sa main. Il parlait fort; la femme lui a dit : « Parlez doucement », en lui montrant d'un geste de la tête, un coin d'ombre sous les saules où il semblait que quelqu'un était couché. Elle n'a pas retiré sa main. Au contraire, au bout d'un moment, il n'était plus besoin de la tenir; elle avait fermé ses doigts sur la main de Panturle comme sur un museau de bon chien. Et il parlait à voix basse :

— ... je suis serviciable plus qu'un autre...

Elle a fermé ses doigts sur la main de Pan-

turle. Elle touche la peau qui est comme une
écorce avec des verrues et des entailles. Une
peau chaude! Des fois selon ce qu'il dit, le
gros index enjambe les petits doigts et les
écarte, entre au milieu d'eux et serre. Des fois,
c'est le pouce qui appuie là, au creux sensible
de la paume comme s'il voulait la crever, et
entrer, et traverser. Des fois, c'est tous les gros
doigts qui serrent toute la petite main.

Ça fait chaud dans tout son corps comme si,
d'un coup, l'été avec toutes ses moissons se cou-
chait sur elle.

Il est sous la lune comme sous le canon d'une
fontaine. Il a de gros muscles qui font de
l'ombre le long de ses bras et sur ses hanches, et
à l'épais de ses cuisses. Il a des poils comme des
poils de chèvre noire.

Elle écoute : elle entend les coups sourds de
son sang qui la foule à grands coups de talon.

Elle porte sa main gauche à travers la nuit
pour tâter le beau poignet qui attache sa main
droite. Il est noué comme un nœud d'arbre. Il
remplit sa main gauche de nerf, de solide chair
souple et chaude.

— ... je ne sais pas dire... tous ils ont leurs
femmes. Cette passion qui lui a pris à la terre...
Cette passion!...

Elle s'approche un peu de l'homme. Elle s'approche sans faire semblant. en se penchant

parce qu'elle n'ose pas encore s'approcher bien carrément. C'est de la solide chair souple et chaude, et dure à la fois, ce qu'elle tient à pleines mains, ce poignet d'homme qui l'attache à l'homme, ce poignet qui est un pont par lequel le charroi du désir de l'homme passe dans elle.

Il a senti qu'elle s'approchait; le nœud de ses mains se serre, la grosse corde du poignet vibre et il la tire vers lui. Elle glisse dans l'herbe et la voilà.

Tous les réseaux de son sang se sont mis à chanter comme la résille des ruisseaux et des rivières de la terre. Elle pose sa tête sur les poils de la poitrine. Elle entend le cœur et le craquement sourd de ce panier de côtes qui porte le cœur comme un beau fruit sur des feuillages.

Alors, ce poids d'eau qu'elle a sur les épaules et qui est le bras de l'homme se fait lourd. Elle se renverse dans ce bras comme une gerbe de foin et elle se couche dans l'herbe.

C'est, d'abord, un coup de vent aigu et un pleur de ce vent au fond du bois; le gémissement du ciel, puis une chouette qui s'abat en criant dans l'herbe. Une tourterelle sauvage commence à chanter.

— Voilà l'aube

Ils disent ça l'un après l'autre sans se regarder : ils ont maintenant de grands corps calmes, des cœurs simples comme des coquelicots.

Là-bas, sous les peupliers, la machine à aiguiser est à l'ancre dans un pré d'herbe tranquille.

Il ramasse ses braies; le velours est encore gonflé d'eau. Il tord sa chemise, puis il se la noue sur le ventre, puis il met ses souliers. Elle le regarde faire. Elle sait ce qui va arriver : c'est tout simple.

— Viens, dit Panturle, on va à la maison.

Et elle a marché derrière lui dans le sentier.

DEUXIÈME PARTIE

I

— Cette saloperie de terre... dit Panturle en
entrant... pas moyen... c'est plus dur que la
pierre. On l'a trop laissée d'abandon... elle est
là, toute verrouillée; on ne peut pas seulement
enfoncer le couteau.

Il regarde sa charrue : c'est une petite charrue de pauvre, une de ces charrues que
l'homme tire en se renversant en arrière.

— Qu'est-ce que tu veux faire avec ça? Ça
griffe juste un peu le dessus.

Arsule est dans le plein du souci avec cette
nouvelle. Elle regarde Panturle, la charrue, et
cette bosse du coteau qui se gonfle au-delà de la
fenêtre.

— Et alors?

— Oh! alors, dit Panturle, tout compte fait,
puisque, d'une façon ou de l'autre, il faut que
j'aille là-bas pour la semence et voir pour Caroline, je vais y aller ce jour. Je passerai par chez
Jasmin pour toucher le père Gaubert. Celui-là,

il a le sort de la charrue. Je lui dirai qu'il m'en
fasse une; il me la fera volontiers : c'est sa
passion. Je demanderai à l'Amoureux s'il veut
me prêter son cheval. C'est de bonne heure. Ils
n'ont pas encore commencé, ça pourra faire. Tu
verras.

— Si donc tu y vas de cette heure, dit Arsule,
mets-toi un peu une chemise propre.

Le grand pétrin est rangé sous la fenêtre. La
table est dans le coin, toute luisante, toute
lavée, comme une grande roche carrée après la
pluie. Le devant de l'âtre est net. Il y a trois
assiettes pas pareilles sur la planchette de
l'évier. Sur le manteau de la cheminée, il y a
une boîte d'allumettes. C'est de cette boîte que
tout est art.

Avant, il battait briquet avec de la pierre
noire et de l'étoupe ou de la moelle d'arbre. Ça
prenait ou bien non. Fallait un moment et de
la patience, et des « saloperies de sort » pas mal.
Arsule un jour a dit : « Si on avait des allumettes... »

Panturle est parti de bonne heure par les
collines et, au moment où ça a été l'aube, il était
déjà sur la route, là-bas, de l'autre côté, presque
en vue du clocher de Vachères. Là, il a attendu le courrier. Il a arrêté la voiture et il
a fait descendre Michel.

— Viens un peu, que je te dise quelque

chose : tu ne me vendrais pas cette peau de lièvre?

Et le Michel :

— Ça peut se faire.

Il y avait dans la voiture le gros Sauteiron, celui qui vend des chevaux; il a crié :

— Amène-la, ta peau.

Il en a donné six francs. Panturle a dit :

— Ça va.

Et le Michel a ajouté :

— C'est pas cher; quand tu en auras d'autres, garde-m'en une à ce prix. Je veux me faire une casquette.

Panturle a donné les six francs au Michel :

— Voilà, tu m'achèteras des allumettes, des grosses boîtes.

— Pour tout ça?

— Oui. Je t'attendrai là, ce soir.

Comme ça, Arsule a eu ses allumettes. Elle a été bien contente. Elle les a placées dans le placard sec. Après ça, elle lui a fait ranger le pétrin qui est lourd. Puis elle a fouillé dans l'armoire, elle a sorti des pantalons et des vestes, et des chemises qui étaient du père de Panturle, pliés là depuis sa mort. Elle a vu ce qui en était bon. Elle a trouvé aussi des aiguilles et une vieille pelote de fil, et elle a dit à Panturle : « Va m'aiguiser les ciseaux. » Quand elle s'est dressée et qu'elle est sortie de la chambre, on

aurait dit qu'on avait mis à sécher des feuilles
de mûrier dans cette chambre. C'était tout
répandu par terre. Mais elle n'avait pas le
temps de reranger. Ça pressait. Elle est allée
s'installer dans l'herbe avec tout un bouquet
d'étoffe sous le bras et quand le Panturle est
revenu, il a trouvé un pantalon tout rapiécé et
prêt à mettre, et une veste presque finie. Il a
regardé la veste. Elle avait des boutons chasseur, de larges boutons de cuivre avec des
images de bêtes.

— Tu te débrouilles, il lui a dit.

Elle a trouvé aussi des vieux corsages et des
jupes à six tours, et des fichus, et elle a travaillé pour elle. Elle a trouvé aussi dans un
pétrin de la chambre de derrière, un endroit
où on n'allait plus, et heureusement que le
pétrin c'était du bon bois de chêne de deux
doigts d'épaisseur sans fissures, sans quoi les
rats... elle a trouvé, couchés dans le pétrin,
comme du beau blé, trois draps plus blancs que
l'eau. Ça, ça l'a décidée. Elle en avait envie
depuis quelque temps. Elle est descendue trouver Panturle. Il fendait du bois.

— Tu sais pas ce qu'on devrait faire? elle a
dit.

— Non, il a répondu.

— Eh bien! voilà : là où on couche, cette
paillasse en bas, c'est comme pour des bêtes,

somme toute, et ça ne me plaît guère à moi de
coucher comme ça au vu de tout.

— Au vu de rien, il a répliqué; il y a rien
et personne ici.

— Oui mais, elle a dit, ça ne fait rien, ça ne
me plaît guère. On devrait se mettre dans la
chambre où il y a l'armoire, on serait plus à
notre aise. Il y a un lit en bois tout démonté.
Y a qu'à le reconstruire et puis charrier la
paillasse. On serait mieux.

Ça s'est fait. Quand elle a ouvert le lit, le
soir, ça a été blanc comme au cœur d'un lis.
Elle avait mis les draps.

— Ça, alors! a dit Panturle tout ébahi.

Il a ôté son pantalon, il a ôté sa chemise aussi.

— Faut bien en profiter qu'il disait.

Il est entré dans les draps une jambe après
l'autre, doucement.

— C'est rude comme du sable frais, c'est tout
enlavandé ce drap. Dépêche-toi, Arsule, si tu
en veux, je te vais tout prendre le bon de la
toile raide, t'auras que la chiffe si tu tardes.

Une fois que Panturle, ayant ébranché le
cyprès, posait sa brassée devant l'âtre, elle a dit :
« Non, le bois il faut le mettre à l'écurie. Ici,
ça me fait balayer et mal dans les reins. Allez,
vas-y. » Il y est allé et ça a été tout réglé pour
les jours d'après.

Une autre fois, de bon soleil, le plein été

étant venu, elle a fait boucher le ruisseau Gaudissart avec des branches et de la boue, elle a
mis un drap au fond du ruisseau, un drap main-
tenu par des pierres, bien plaqué au fond de
l'eau. Ça a fait comme une grande cuvette toute
propre. Et elle s'est baignée. Elle s'est lavée du
haut en bas avec une poignée de saponaire Le
soir — et ils étaient couchés — elle luisait
comme de l'or. Elle a dit : « Laisse-moi, tu
sens le sel pourri. » Elle l'a dit en riant, mais
le lendemain, Panturle est entré dans le ruisseau. Seulement lui, il n'avait pas besoin du
drap.

Et comme ça pour beaucoup de choses.

Puis, ils ont été inquiets, tous les deux, à ne
pas savoir de quoi. Inquiets au point de trouver
les matinées amères. C'était dans l'air. Ça les
remplissait d'amertume. C'était surtout après
les chasses de Panturle que ça venait. C'était
surtout quand il quittait sur la table le lapin
étranglé, raide comme une racine ou la caille
écrasée par le piège.

A ces moments-là, ni Panturle, ni Arsule ne
soufflaient mot.

Une fois qu'ils avaient justement de quoi,
en cette viande, voilà qu'Arsule met à bouillir
des pommes de terre, en quantité, et rien que
ça, et qu'elle ne met que ça dans les assiettes.
Panturle a regardé les pommes de terre, le lapin

pendu au plafond dans une serviette, le sang sur
la serviette, et les mouches. Il a regardé Arsule.

— Tu ne sais pas à quoi je pense? il a dit.
Je pense qu'avec le fer qu'il y a en haut au
grenier, en l'aiguisant et en y mettant un bon
manche, ça ferait une bêche. Je pense que, sur
le devers de la pente, du côté de Reine-
Porque, il y a une belle pièce qu'en mettant le
feu aux genêts ça ferait de la terre à tout ce
qu'on veut. Je pense aussi que, peut-être, je
pourrai faire une charrue...

— Ça, c'est des choses, a approuvé Arsule.
« Tiens voilà ta chemise propre, voilà un
autre pantalon, tu veux la veste?

— Non, il fait chaud. Ce qu'il me faudrait,
c'est un sac, parce que, selon comme ça ira
là-bas, je prends le grain tout de suite. Ici, c'est
plus haut, ça peut se faire avant. Donne-moi
Caroline aussi, je vais lui trouver un bouc.

Caroline est triste, là, devant le grand jour
de la porte. Elle n'ose pas sortir de l'ombre de
l'étable. Elle cligne des yeux. Elle est maigre;
elle a les flancs creux. Les mouches font trembler la peau de son ventre.

— Biquette, Biquette, appelle Panturle, et il
fait avec la main le geste de donner de l'herbe.
Tiens, tiens...

Elle ne bouge pas. Elle est là, butée contre
le grand jour comme devant un mur.

Arsule la décide en imitant avec ses lèvres

le bruit d'une caresse. Elle sort, elle s'avance toute raide. Elle a l'air de regarder au-delà des choses comme les hommes qui sont dans le rêve. Elle vient de mettre sa tête contre le ventre de la femme. Elle frotte ses flancs contre le flanc d'Arsule. Un bon moment. Un long moment; jusqu'au moment où Arsule lui a dit :

— Va, la bique.

Elle a donné la chaîne à Panturle et Caroline a suivi.

C'est le début de l'après-midi; il fait bon chaud malgré les premières nues rondes qui passent en traînant leur ombre; c'est de la nuée marine. Elle monte. l'ombre suit comme l'empreinte d'un pas.

Le bois est tout taché de jaune. Vu de Reine-Porque, on domine un peu; le Val des Chats et les bas-fonds sont comme un vieux chaudron de fer mal nettoyé et qui se rouille. Le haut du ciel est vivant de cet essor régulier des nues. En bas, contre la terre, l'air est immobile; il est là, autour des collines et des arbres, chaud et lourd comme de la laine humide.

Au bas du Val des Chats. une petite brume dort sur les arbres comme une plaque de lait au fond du chaudron; quand on se penche sur le creux, on sent une odeur de champignon et de bois en train de pourrir.

Une pie vient de quitter la branche du peuplier. Elle plonge d'une aile habile dans

l'ombre glauque du sous-bois. Deux feuilles
mortes quittent la branche après elle et
tombent.

— Caroline, tu as fini ton jeu?

A la chèvre qui tire encore sur la gauche
pour écorner une bardane.

Panturle va par des chemins à lui.

Comme ça il est arrivé sur la ferme de
l'Amoureux, tout par un coup, au sortir d'un
coude de vallon, aux limites des terres grasses,
et, tirant la chèvre, il a abordé à l'ombre des
platanes, chez les gens. Ça lui fait drôle
de voir du monde : là-bas, un qui charrue, un
petit homme, un petit cheval; là, un qui traverse la jachère; là, un penché qui mouille sa
pierre à aiguiser les faucilles; une qui tire de
l'eau au puits; une qui étend du linge sur une
corde; un qui s'étire comme un chat sur la
porte du grenier; un qui racle une bêche...
L'Amoureux est sous les platanes, devant la
ferme. Il allait prendre sa faux, pendue à la
branche maîtresse. Il a arrêté son geste; il reste
le bras en l'air. Il regarde celui-là qui vient
avec une chèvre.

— Ah! bien celle-là, on peut bien dire :
« C'est de l'exemple! Oh! Panturle, je te croyais
mort! »

— J'en ai pas envie.

— Ah bien, celle-là!

Le bras de l'Amoureux est retombé sur l'épaule de Panturle.

— Eh! oui, dit Panturle.

— C'est pas de rire, fait l'Amoureux, je le croyais. Alphonsine, viens un peu voir, Alphonsine!

Elle étendait le linge et elle regardait les deux hommes entre les linges qu'elle étendait. Elle vient vite en secouant sa grosse poitrine molle. Elle essuie ses mains à son tablier.

Elle aussi n'en peut revenir.

— C'est vrai, on en a encore parlé il y a pas longtemps. Et alors, vous allez boire le coup!

Comme ce n'est pas de refus, elle entre dans sa cuisine et on l'entend ouvrir le placard. Elle revient au seuil, elle lève la bouteille à la hauteur de ses yeux.

— C'est pas ça; attendez.

— Et donne la bonne au moins.

Enfin la voilà la bonne : une liqueur d'hysope qui se détrempe si on veut, mais que les hommes boivent pur :

— Garçons, garçons! hèle l'Amoureux.

Les trois valets qui sont là et qui ont déjà vu du coin de l'œil la bouteille, s'approchent.

Ils ont leurs verres. On trinque tous ensemble. Alphonsine pense aux femmes :

— Tiennette, viens un peu toi aussi et apporte-toi un verre.

— Alors, à la vôtre, dit Tiennette qui, en retard, trinque seule contre tous.

— Ça, c'est le Panturle, dit l'Amoureux. Tiens, voilà un homme qui ferait pour toi, et un beau!

— Elle pourrait plus mal faire, dit en riant le Clodomir dont c'est la bonne amie.

Etiennette baisse sa tête qui est comme une pomme rouge, rit en dessous, regarde Clodomir entre ses cils; Clodomir lisse sa moustache de maïs avec le crochet de son index et la regarde en coin d'œil d'un regard qui s'amuse.

— Alors, où tu allais comme ça?

— Juste ici.

— Alors, va bien.

— Voilà : c'est d'abord pour celle-là. Il montre Caroline qui frotte son museau contre lui. T'as pas un bouc ou t'en connais pas? Elle peut plus rester comme ça. Ça la mine. Et puis, pour nous...

— Ça, de bouc, il y a toujours celui de Turcan. Laisse-la là, je l'y ferai mener demain par Etiennette.

— Et puis après...

— Attends...

L'Amoureux se tourne vers Clodomir.

— Aiguise aussi les deux faux.

L'homme a compris, il se lève.

— Tu comprends, j'aime mieux qu'on soit à parler de ça rien que tous les deux, l'un à

l'autre. On sait jamais. Tu sais, les domestiques,
ça ramasse comme ça dix mots, une fois l'un,
une fois l'autre, dans les choses qu'ils entendent
et ça leur fait dix pierres à te jeter à la figure,
après. Vas-y.

— Voilà : je voudrais te demander aussi de
la semence de blé. J'ai envie d'en faire un peu.
Je te paye pas, je te le rends à la récolte. Et
puis, dans quelque temps, quand tu voudras,
j'aimerais que tu me prêtes ton cheval un jour.
Ça, si tu veux, je te le payerai comme tu voudras. Avec des sous ou en grains.

L'Amoureux a réfléchi un moment.

— Ça peut se faire, il a dit à la fin. Combien
tu en veux de blé?

— Donne-m'en trois cents kilos d'abord, si
ça va.

— Ça va.

— Fais-les-moi porter demain matin jusqu'à
Reine-Porque; la charrette y va; de là, je me
débrouillerai.

— Entendu. Et le cheval?

— Ça, c'est comme tu voudras, quand il sera
libre.

— Ecoute, tu pourras le prendre... dans trois
jours.

— Ça va! Tu me rends bien service, l'Amoureux.

— Tu n'as pas vu les petits? demande Alphonsine.

— Ils étaient là, y a un petit moment.

— Tiennette, vous avez vu les petits?

— Non, maîtresse.

— Et alors?

Elle jette comme ça un coup d'œil tout de suite sévère sur l'alentour. Il y a la rigole; il y a le puits; il y a les gros pièges à renard tout posés, même en plein jour.

— Nano! Nano! Nano!

— Lison! crie le père.

Un moment de silence. Ils écoutent tous les trois. Mais à la limite, les petits ont répondu :

— Voui...

En même temps ils sortent de l'herbe qui les cachait. L'aîné, Jean, mène sa sœur Elise par la main. De l'autre main ils tiennent, comme un cierge, un grand calice de colchique :

— Ze m'avais fait mal, dit tout de suite la fillette qui craint la gifle.

Alphonsine est venue devant les deux enfants avec une grosse miche de pain. Elle fouille aussi dans les poches de son tablier.

— Tiens.

La petite fille tend la main et reçoit trois figues sèches et deux noix.

— Tiens.

Du côté du petit garçon qui avait la main prête et qui reçoit ses trois figues et ses deux noix.

—- Et attendez.

Elle leur coupe le pain avec un grand couteau qui est comme une serpe. Elle s'est penchée sur la miche. Elle la tient entre ses seins et son ventre, et elle la coupe doucement, sans faire de miettes.

Panturle regarde le bon pain, gros et solide, le pain des champs, le pain de la farine faite au mortier de marbre; le pain, et de sa mie qui est rousse, on tire parfois une longue paille droite et étincelante comme un rayon de soleil.

D'un coup, il voit ce qu'il va faire. Ce qu'il va refaire, ce qu'il a commencé en venant ici déjà. Il comprend cette inquiétude qu'ils ont eue, cette ombre dans Arsule, belle à l'ordinaire comme de l'eau. Ça passera. C'est sûr, maintenant. Il a compris. Ça passera le jour où on posera sur la table, là-bas, à Aubignane, dans la dernière maison, la miche de pain, chaude et lourde, le pain qu'ils auront fait eux-mêmes, eux trois : lui, Arsule et la terre.

Et d'un coup, comme Alphonsine se tourne et qu'elle emporte le pain, il a un élan.

— Alphonsine!

Il en a tout de suite un peu honte, maintenant qu'elle est revenue avec son pain.

— Tu sais pas? qu'il dit. Je voudrais te demander quelque chose. Je peux pas en payant, mais je te le revaudrai. Donne-moi une tranche de ce pain. C'est pas pour moi, il ajoute

parce qu'il voit que, déjà, elle le tend et que
l'Amoureux va dire : « Apporte aussi les
olives. » C'est pas pour moi. Je vais te conter,
puisque aussi bien ça se saura et puisque aussi
bien, c'est bien, somme toute. J'ai une femme,
là-bas, avec moi, et ça lui fera plaisir :

— Prends-le tout, alors, dit Alphonsine.

De voir qu'on lui donne tout, ça lui fait
douleur, ça lui fait cligner les yeux comme s'il
mâchait du laurier.

— Je te le revaudrai.

— T'as qu'à faire ça si tu veux qu'on se
fâche.

Il n'a pas voulu partager leur « quatre
heures » et manger à la table.

— Je dois aller encore jusque chez Jasmin.

Mais il a demandé qu'on lui donne tout de
suite vingt kilos de blé de semence pour emporter avec lui, pour les faire voir à Arsule, ce
soir, pour qu'elle comprenne que c'est parti
maintenant, que c'est en train.

Et il a repris son chemin, avec la miche sous
le bras et le sac sur l'épaule.

La longue Belline est dans le clos à compter
ses canards. Elle est maigre comme un cyprès
et presque aussi grande. Seulement, elle a un
caraco bleu de ciel.

Ici, c'est déjà plus le même pays. C'est sur
un fond, l'eau suinte. Il y a un beau pré et des
saules; il y a un verger; il y a un énorme bou-
leau qui devient comme de l'écume dès que
le vent le touche; il y a une fontaine; il y a une
bonne barrière bien solide qui entoure tout ça.
C'est de l'arbre et de l'herbe gonflée d'eau à en
veux-tu? en voilà.

Panturle s'approche de la barrière.

— Hé, Belline!

Elle tourne vers lui sa longue figure de cheval.

— Tu me reconnais?

— Oui.

Elle ne fait pas de geste vers le loquet de la
porte. Elle prend seulement tous ses canards
sous la protection de ses yeux; ça se comprend
vite, ça.

Il dit :

— Je voudais voir le père Gaubert.

— Il est là-bas.

Elle montre la maison. Elle n'ajoute rien.
Elle ramasse un gros escargot; elle appelle un
canard qui a l'air de naviguer par mauvais
temps sur le pré.

Ça va bien; Panturle attend un moment puis
se décide pour la maison.

Le père Gaubert est près du poêle. Il est
assis sur une chaise à dossier droit; ses deux

mains sont appuyées sur sa canne; sa tête est
appuyée sur ses deux mains.

Il a fait : Oh! quand il a vu Panturle, puis
il a essayé de relever sa tête et il y a mis un
moment; enfin, il y est parvenu.

Panturle rit et lui tend la main.

— Oh! père Gaubert. oh! depuis le temps Et
alors, ça se fait bien, là, autour du poêle? Ah!
monstre de nature, vous l'avez trouvé le bon
travail, vous!

Mais les deux mains de Gaubert restent
posées sur la canne. Elles tremblent. Il tourne
à grand effort sa tête et lève les yeux jusqu'aux
yeux de Panturle.

— Prends-la, toi, ma main. là-dessus; prends-
la, ça me fera plaisir; moi, je peux plus.

Il a posé d'un coup le sac et la miche, et il
s'est précipité, et il l'a prise, cette main qui est
comme du linge mouillé, entre ses bonnes
mains solides.

— Et alors... Gaubert, et alors non? Comment?

Elles sont molles et mortes, et les bras sont
morts. Et le Panturle touche ça, et c'est comme
des cordes sans vie, et dans les yeux de Gaubert il y a le regard de la bête prise au piège.
Et maintenant, de plus près, il sent l'urine.

— Et alors, oui. tu vois, c'est comme ça.

— Ça vous a pris quand?

— Un matin. quelque chose de dénoué sous

mes reins. La Belline a dit : « C'est des ma-
nières, essayez. » J'ai essayé. Rien à faire.
C'était du bon.

Panturle est toujours là à tenir les mains
mortes de Gaubert. Il est là, penché sur lui à
le regarder dans les yeux. Il voudrait donner
un peu de force à ces mains.

— Et Jasmin, qu'est-ce qu'il a dit?

— Rien.

Panturle n'en peut pas revenir de cette force
disparue, de cet homme sans cesse en travail et
qui est là comme une pierre. Gaubert. le premier, s'est repris.

— Et alors, comment ça va que tu es venu
te perdre jusque par ici?

Panturle n'ose plus dire, mais c'est une chose
qu'il a tant désirée. Il y a tant pensé à cette
charrue, tout le jour.

— Voilà : je suis venu... j'étais venu... pour
vous voir et puis, je m'étais dit : « Peut-être,
ça lui fera plaisir de reprendre un peu son
métier. » Je ne savais pas, vous comprenez.
Alors, j'étais venu pour vous dire : « Faites-moi
une charrue. » Mais...

— Oh! bien sûr...

Un moment on n'entend plus que la pendule
qui compte des grains. Le soleil a réussi à passer
sous le verger. Un rayon traverse la vitre et se
casse dans un seau d'eau.

— Ça ne te semble guère, ˙toi, dit Gaubert; tu es plutôt chasseur. Il te vaudrait mieux un sabre.

— La chasse, c'est trop un jour bon, un jour mauvais : du bricolage, tout bien pensé. Et puis, c'est jamais que de la viande. J'ai trouvé une terre, de l'autre côté de la butte, vous savez, ça a l'air profond et bien gras Il m'a pris l'envie d'y faire du blé.

— C'est drôle que ça t'ait pris juste maintenant.

— C'est que je ne suis plus seul : j'ai une femme. Un ménage, ça ne peut pas vivre de chasse. Depuis qu'elle est là, j'ai besoin de pain, et elle aussi. Alors...

— C'est naturel et c'est bon signe.

— Ah! mais, qu'est-ce qu'il y a, père Gaubert? Vous pleurez? On vous a fait quelque chose? C'est la Belline, dites? Vous voulez que j'en parle à Jasmin, dites? Qu'est-ce que vous avez?

Si Gaubert avait eu les mains libres, il les aurait cachées ces trois larmes qui ont débordé de ses yeux; mais ses mains sont clouées sur la canne et le visage ne peut pas se cacher, et là, la tête droite, il pleure avec des yeux éperdus.

Et, au bout d'un moment, que Panturle n'osait plus rien dire, Gaubert a reniflé comme un petit enfant.

— Non, c'est pas la Belline, cette fois; ça a été plus fort que moi. C'est parce que je vois

que la terre d'Aubignane va repartir. L'envie
du pain, la femme, c'est ça, c'est bon signe. Je
connais ça, ça ne trompe pas. Ça va repartir de
bel élan et ça redeviendra de la terre à homme.
Seulement, qui sera là-haut dans ma forge?

— Ah! ça, Gaubert, c'est pas des choses pour
la réflexion des vieux. Si c'est de ça que tu
pleures. Tu savais bien qu'un jour il faudrait
débarrasser le plancher pour un autre; c'est le
sort. La seule chose qui doit donner le regret,
c'est que celui qui viendra ne saura pas faire les
charrues comme toi. Toi, maintenant, tu as
gagné tes galons. Tu as assez pétri le fer; ta
part, c'est le verger et l'ombre, et la maison de
ton fils...

— Tu me dis « tu » maintenant, comme
avant.

— Oui.

— Pourquoi?

— Je ne sais pas.

— Mettons que tu ne le saches pas, mais ça
montre que tu as quand même compris pourquoi j'ai pleuré. Ma part, c'est là, dans ma
chaise, comme un épouvantail de figuier, à ne
pas pouvoir bouger un doigt pour chasser les
mouches. Et quand je suis à un endroit où je
gêne parce qu'on veut faire la cuisine, ou parce
qu'on veut balayer, Jasmin prend la chaise d'un
côté, Belline prend la chaise de l'autre et on
me porte comme un meuble. Ah! les premiers

temps que j'étais ici, oui, ma part, c'était
l'ombre et le verger, et la maison de mon fils,
et le tout petiot. J'y apprenais à faire parler les
pies en les tenant sous le pot de fleurs. J'y fai-
sais des tours. C'était du rire. Maintenant, c'est
la punition. J'aurais pas dû quitter le village.

« La Mamèche?...

— Elle est partie un beau soir; j'ai plus su.

— Oui? Eh bien, c'est quelque chose qui
a taillé le vieux bois. Ça va repartir.

Là, ils sont restés un bon moment tranquilles
à regarder le fond de leur pensée. Puis Gaubert a dit :

— Panturle, je te la ferai, cette charrue, ou ça
sera presque pareil. Je veux que ça soit une des
miennes qui commence. Ecoute : tu vas voir.
Regarde un peu, d'abord, si la Belline est toujours au verger.

— Oui, elle est au fond, là-bas, vers les pru-
niers.

— Ça va bien. Passe le manche du balai sous
l'armoire. Là. Tu sens quelque chose de dur?
Tire.

C'est un soc.

C'est un soc; un soc nu comme un couteau.
Un soc têtu, aiguisé, arrogant, avec le flanc
creux des bêtes qui courent à travers la colline;
une belle peau sans un pli. On le tiendrait en
équilibre sur le poing.

Gaubert siffle entre ses dents :

— ... de garce; il est de la bonne race, celui-là.
Oui, il est de bonne race. C'est le dernier. Je
l'ai encore fait à Aubignane. Prends-le, mets-le
dans ton sac; si la Belline entrait elle en ferait
un malheur.

« Mets-le dans le sac puis écoute, parce que
le soc, c'est beaucoup mais ça n'est pas tout.

« Tu iras à la forge là-haut. Tu sais que les
derniers temps, je couchais en bas près de l'ate-
lier. A cet endroit il y a un placard, un grand
placard; tu l'ouvriras.

« Tiens, prends la clef, là, dans la poche de
mon gilet. Prends la clef; après tu pourras la
jeter; elle ne servira plus. Là, dans ce placard,
tu trouveras un bois d'araire tout près, tout fini,
tout tordu dans les règles. Un bois de race aussi;
le bois qu'il faut pour ce soc. Tu monteras le
soc avec les vis et les boulons qui sont aussi
dans le placard pliés dans un morceau de jour-
nal. Maintenant, si c'est pour labourer là où tu
m'as dit, sur la pente de derrière le village, là
où c'est dur, il faudra tordre encore un peu le
bois, pas beaucoup, un peu, juste un peu tordu,
comme une cuiller à café, tu sais? Pour ça, tu
mettras le bois à tremper trois jours au trou du
cyprès.

« Trois jours, pas plus, et tords lentement,
en pesant sur ta cuisse, mais avant, essaye la
charrue telle qu'elle est.

« J'aimerais mieux que tu ne la touches pas.
Panturle regarde le beau soc.

— Non, il dit, j'ai pas envie de tout démolir!
Tu dis que les boulons sont dans un papier?
Je la laisserai telle que.

« Comme tu l'as faite elle ira. S'il faut forcer
un peu plus, je forcerai mais je la laisserai telle
que. Ce que je veux, c'est du blé, c'est faire
pousser du blé sur toute la bosse de Chêne-
vières, c'est mettre du blé dans Aubignane jusqu'au ras des maisons. C'est tout remplir avec
du blé, tant que la terre peut en porter.

Gaubert est immobile sur sa chaise, les mains
mortes, croisées sur la canne. Il fait effort de
la tête.

— Elle peut en porter, notre terre, crois-moi,
elle peut en porter une grande épaisseur. De
mon temps c'était renommé.

« Le jour où un homme dur s'y mettra, alors,
ça sera une bénédiction de blé...

La Belline est entrée par la porte de derrière.
Elle a un canard sous le bras et elle lui caresse
les plumes.

— Enfant nous venons, enfant nous tournons, elle dit.

C'est la nuit quand Panturle est de retour.
La porte est fermée. Il cogne du poing.

— Qui c'est? demande la voix d'Arsule.

— Moi.

Elle ouvre.

— Je commençais à languir, tu sais.

Il quitte son sac de blé sur la table.

— Regarde, il dit. Regarde. le temps n'est pas perdu. Et puis ça. regarde. regarde ça.

Il dresse vers le jour de l'âtre le beau soc nu comme un couteau.

— Oh! elle fait. ça c'est beau; on dirait un devant de barque.

II

Ils sont allés chercher le blé. L'Amoureux les
attendait à Reine-Porque. Les sacs étaient dé-
chargés près de la fontaine.

— Tu vois, il dit à l'Amoureux, ça c'est ma
femme.

Et à Arsule :

— Ça tu vois, c'est un ami, ah oui!

— Il faudra venir un jour à la maison, a dit
l'Amoureux, ça fera plaisir à Alphonsine.

Et il est reparti avec sa charrette.

Il y avait six gros sacs de blé près de la fontaine.

Panturle s'en est chargé un sur le dos.

— Je vais et je reviens; toi, tu gardes les
sacs pendant.

Comme ça jusqu'au dernier.

Avec celui-là sur l'épaule il a dit :

— On a gagné la journée. On revient par le
plateau. J'en ai assez de monter, descendre.

Il y a eu, la nuit d'avant, une pluie brusque et lourde. Elle a écrasé le bois. Des feuilles sont tombées; l'os des branches nues perce la peau des feuillages jaunis. Sur le plateau, l'herbe est écrasée aussi. Elle est couchée en tourbillons dans tous les sens.

— Nous sommes devant la porte de l'hiver, dit Arsule.

Elle suit Panturle. Ils sont sur le bord de ce plateau où elle a eu à la fois tant de peur et tant de chaleur d'amour. Elle y pense. Elle pense que c'est le vent qui a été son marieur. Sa vie n'a commencé que de là. Tout « l'avant » ne compte plus guère. Elle y pense de temps en temps comme on pense à du mal dont on s'est guéri. Et quand elle y pense, elle a tout aussitôt besoin de regarder Panturle. Elle vit avec tranquillité enfin, et de la joie de toute espèce, on peut bien dire.

C'est le plateau où, toute la nuit, la pluie a foulé l'herbe.

Tout soudain, Panturle s'arrête et jette son sac à terre. De ses bras en croix, il barre le chemin et il tient Arsule derrière lui :

— Reste là.

Il s'avance de trois pas dans l'herbe et il regarde à ses pieds.

Il a l'air de réfléchir. Il revient, charge le

sac, prend Arsule par le bras et l'entraîne à
travers les herbes, d'un autre côté.

Le restant du jour, il a été tout drôle et inquiet. Il ne se décidait à rien. Il a mesuré le
grain, mais, on le voyait bien, en pensant à
autre chose. Puis il a tout lâché et il est parti.
Il est monté au village. Il a pesé de l'épaule
contre la porte, à la maison de la Mamèche; la
la porte s'est étalée à plat sur le plancher et
il est entré.

Il a essayé de déplier les draps qui sont sur
la table.

C'est de la charpie. Entre les rats et les autres
bêtes, ça les a bien arrangés, ces draps.

Il est redescendu à la maison par les guérets
de derrière et il a profité qu'Arsule allait à
l'eau pour entrer vite, vite. Il a fureté. Il s'est
demandé :

— Où elle les met?

Enfin, alassé, il est venu à leur lit qui est
fait; il l'a défait d'un grand revers de main, il
a pris le drap dans lequel ils se couchent, lui et
Arsule, et, comme Arsule rentrait en bas dans
la cuisine, il a sauté par la fenêtre avec le drap
roulé sous son bras.

Il est allé sur le plateau. Puis, il est revenu
avec quelque chose de plié dans le drap. Un
petit paquet comme un fagot de courtes

branches bien sèches, parce que ça tinte, et quelque chose de rond, dessus qui ne s'équilibre pas, comme une courge d'eau et qui a tendance à glisser. Autour de ça il a entortillé le drap en quatre ou cinq tours.

Il est venu au puits communal. Et il a fallu qu'il pousse son grand corps à travers les épines avant d'attraper la margelle. Il a noué le paquet. Il a noué aussi deux grosses pierres dans le paquet. Il a regardé en bas l'eau noire qui luit comme du fer neuf.

Puis il a jeté le paquet et il a regardé tant que tout n'a pas été mangé par l'eau.

Il est resté un bon moment appuyé sur la margelle et il s'est dit à haute voix :

— Somme toute, c'est là qu'elle aurait voulu.

Le soir, il s'est mis sur la pierre de l'âtre et il s'est mis à parler.

— Une d'ici qui aurait eu plaisir à nous voir ensemble.

— Qui ça? a demandé Arsule.

— Une d'ici. On y disait la Mamèche. Elle était tout le temps à me dire : « Prends femme, prends. » Tant qu'elle avait dit : « Et si tu veux, je vais te la chercher. » Tant qu'elle a dû partir pour y aller.

A ça Arsule n'avait que répondre, sauf à tirer sa petite moue.

— ... tant qu'elle a dû partir pour y aller et qu'elle y est morte.

Après ça, il a fallu tout dire, et le drap arraché du lit, et tout.

Arsule s'est assise à côté de lui et elle se serre contre Panturle parce que la mort c'est, quand on en parle, une chose qui vous gèle en entier. Puis elle s'est mise à réfléchir.

— Sur le plateau, tu dis?

— Oui.

— De son vivant, une toute noire, avec des choses pas claires dans son geste?

— Oui, fait Panturle étonné.

— Bon. Je vais te dire. Alors c'est moi qu'elle est allée chercher. Si on est passé à Aubignane, ce printemps, c'est qu'une chose nous a poussés vers ce pays, hors de notre route, avec de la peur. C'était elle qui se dressait dans les herbes. Elle m'a fait venir ici de force. Je ne regrette pas, mais c'est la vérité vraie.

Elle a tout raconté par le menu à Panturle. Tout, depuis le commencement jusqu'à la fin et il a eu alors un petit sourire parce qu'il a compris l'enchaînement des choses.

— Ça va bien.

Il a tourné la tête et il a regardé le blé mesuré.

Pendant trois jours, ça a été comme sur un navire. Pas de répit. Toujours la main sur quelque chose. Le premier jour, tout le temps, c'étaient des : « Arsule, donne-moi le tournevis. » « Arsule, en fouillant, t'as jamais vu une boîte comme ça où il y avait des outils? »

Et puis, à la fin, vers le soir, il a crié : « Arsule, viens voir. » Et voilà : devant la maison, dans l'herbe fraîche, posée sur le pré comme une sauterelle, il y avait la charrue toute prête.

— Avec ça, a fait Panturle...

Le lendemain, on est allé brûler les herbes sur le terrain. Il a fallu surveiller que ça n'aille pas plus loin.

Le jour d'après, la nuit d'après, et jusqu'à l'aube, ça a presque été les bruits d'une ferme véritable et Panturle n'en a pas dormi.

Il y avait le cheval, en bas, dans l'écurie. On l'avait mis à la place de Caroline. On l'entendait taper du pied, secouer la chaîne, se gratter aux ridelles, et même hennir à la tremblade comme une trompette parce que c'était un cheval entier qui prenait l'odeur d'une chèvre pour l'odeur d'une jument.

A force de regarder vers la fenêtre, dans la chambre pleine de nuit, il a vu l'aube derrière les vitres. Elle s'est éclairée tout d'un coup, elle est rose; ça veut dire qu'il va faire beau. Panturle s'est levé et Arsule qui semblait dormir, le nez contre le mur, s'est tournée et a dit :

— Je vais aussi. Je voudrais voir.

— Attends un peu. Avec ce cheval follet, dès qu'il sent une femme près de lui il fait l'andouille. Je vais l'atteler. Tu viendras là-bas tout à l'heure.

Voilà, ça va commencer.

Il fera tirer droit jusque là-bas aux buissons qu'il a laissés exprès comme marque, et ça sera le sillon maître. Tous les autres s'allongeront contre celui-là. Et quand, depuis ici, jusque là-bas au jeune cèdre ça en sera tout couvert, quand ça sera comme une toiture de tuiles, alors ça ira. En avant!

Il a retrouvé son instinct de tueur de bêtes pour enfoncer brusquement le coutre aigu dans la terre. Elle a gémi; elle a cédé. L'acier a déchiré un bon morceau qui versait noir et gras. Et, d'un coup, la terre s'est reprise; elle s'est débattue, elle a comme essayé de mordre, de se défendre. Tout l'attelage a été secoué, depuis la mâchoire du cheval jusqu'aux épaules de Panturle. Il a tout de suite regardé le soc; il est toujours entier et c'est pourtant contre une bonne pierre qu'on est venu.

— Tu y passeras quand même, dit Panturle les dents serrées.

Maintenant le grand couteau qui ressemble à un devant de barque navigue dans la terre calmée.

— Allez, le Nègre, tire un peu, feignant de bonsoir.

Ça va tout allègre et tout clair. Et voilà le soleil qui a sauté les collines et qui monte. Et voilà Arsule qui a sauté le ruisseau et qui monte.

III

La diligence de Michel s'arrête maintenant sous le devers de Vachères à dix heures. Il a trouvé un moyen. On ne sait pas lequel, mais le fait est que c'est dix heures.

— On va attendre le père Valigrane.

Michel se met à jouer de la trompe. On est sous l'ombre que donne la haute église mangée par le lierre. Voilà Valigrane qui descend la route comme un cadet; le voilà même dans le sentier qui raccourcit les détours. Il se dépêche; s'il se dépêche tant il va tomber.

— Eh! ne vous pressez pas, on a le temps. Y a pas le feu!

— Je ne voulais pas te faire attendre.

— Et alors, on n'est pas bien ici à l'ombre?

Valigrane s'essuie la peau de la tête avec un grand mouchoir tout propre.

— Vous entrez dedans ou vous venez ici? demande Michel en montrant la place à côté de lui, sur le siège.

— Je vais à côté de toi, au bel air. Là-dedans tout enfermé, moi, ça ne me dit guère.

Les chevaux ont commencé la lente montée en serpent en remuant toutes les clochettes du collier. Il fait chaud. On est en août.

Michel qui sait pourquoi Valigrane va à Banon dit :

— Y aura du monde.

— Oui, c'est ce que je disais à la femme; ça tombe juste le jour de la foire.

— Ça les dérange mais, avec les chaleurs, on pouvait pas le garder un jour de plus. C'était pas possible, ça commençait déjà à sentir. Moi, je leur ai dit : « Vous n'avez même pas besoin de fermer. » Ils ont une sortie sur le derrière de la maison. C'est pas la peine de fermer le café juste le jour où ça travaille. Le corbillard vient derrière la maison, on charge et on part. Devant, on voit rien. C'est pas vrai, ça?

— Oh! de fait que... C'est embêtant, juste ce jour-là où ils peuvent gagner une pièce de cent à cent cinquante france (c'est pas si souvent) de fermer et d'envoyer les clients chez les autres. Il en a bien assez du malheur déjà...

— C'est ce que j'ai dit.

— C'est ce qu'il dirait s'il pouvait parler encore; allez : sans tambour ni trompette... C'était quand même un brave homme, l'oncle Joseph.

On arrive à un tournant d'où on voit tout le pays d'en bas. Ça n'est pas doré de blé comme d'habitude, mais seulement jaune sale et à travers le jaune on voit la terre.

— Ah! cette année par exemple!...

— Ça a fait ça, aussi, chez vous?

— Oui. Nous, d'habitude, on avait cinquante charges; on en aura peut-être cinq et du mauvais, et avec dix fois plus de travail, et plus pénible que d'habitude; alors, tu vois...

— Oui, c'est pareil partout.

— Tu peux dire : à Reillanne, à Forcalquier, à Manosque. On a voulu faire de ce blé d'Inde; c'était nouveau encore, ça, et tu vois maintenant.

— Et puis, il y a eu le gros orage.

— Ah oui, bien sûr, et il en a tenu de l'étendue, cet orage!

— Et il en fait du mal!

— Oui, il en a fait du mal, reprend le père Valigrane qui a bien regardé au-dedans de lui des souvenirs de champs de blé, et s'il en a tant fait, c'est à cause de la mode.

« Ça, quand ça se mêle des gens, ça fait pas mal d'imbéciles, mais quand ça se mêle des plantes et des choses de la plante....

« ... Je vais te dire : moi, je suis allé dans un pays, je te dirai pas où, tu saurais de qui

je veux parler. Y avait un« de ceux qui s'y
entendent sur les choses de la terre, ou, du
moins ils le disent, un professeur, quoi, et payé
par le gouvernement. Il avait loué une petite
ferme. Elle était proprette, ordonnée, bien en
ligne et régulière de belle verdure grasse.
De la vigne, des mûriers, un petit pré, des
cerisiers... tu vois. Bon. Mon professeur il s'y
met. Ah pour ça, il s'y met. Il tombait la veste,
il tombait le gilet, il retroussait les manches et
en avant. Au bout d'un an ça a été un désert.
Un désert, je te dis. Il leur avait pris un dégoût,
à tous ces arbres... ça faisait peine. Plus de
cerises, plus de vignes, plus de pré. Tout ça, ça
vomissait sa vie. Et un peu de ci, et une pincée
de ça, et cette branche doit aller de là... Il
mettait les raisins dans des petits sacs de papier;
oui c'est comme ça. Maintenant, si tu voulais
la reprendre sa ferme, on te la donnerait que tu
la voudrais pas : c'est tout mort. Tu le vois
cet homme, le médecin des racines, avec son
gros livre à la main? Ça s'apprend pas dans les
livres, ça.

— Vous en savez toujours des nouvelles, vous.

— Non, voilà ce que je veux dire : tu as
parlé de l'orage. Si on avait fait du blé de notre
race, du blé habitué à la fantaisie de notre terre
et de notre saison, il aurait peut-être résisté.
Tu sais, l'orage couche le blé; bon, une fois.
Faut pas croire que la plante ça raisonne pas.

Ça se dit : bon, on va se renforcer, et, petit à petit, ça se durcit la tige et ça tient debout à la fin, malgré les orages. Ça s'est mis au pas. Mais, si tu vas chercher des choses de l'autre côté de la terre, mais si tu écoutes ces beaux messieurs avec les livres : « Mettez de ci, mettez de ça; ah! ne faites pas ça. » En galère, voilà ce qui t'arrive!

— Ça, Valigrane, je suis de ton avis.

— Remarque qu'on s'y laisse tous prendre. Moi, l'enfant a voulu; le gendre a voulu. « Vous voulez de ce blé? Mettons de ce blé. » Et puis maintenant, nous faisons Jésus devant le grenier, et puis maintenant, nous voyons, et puis maintenant, ah! le mistral a de quoi jouer du tambour avec toutes les granges vides. Et voilà. Si au moins ça servait de leçon.

Déjà la route est plus doucement penchée sur la colline. Déjà, on voit le bord du bois là-haut et l'herbe sèche du plateau.

— Qu'est-ce qu'il a ton cheval gris?

Le cheval de gauche tourne la tête vers le vallon qui troue le bois; le voilà qui secoue le garrot et qui allonge le cou, et qui hennit vers le fond.

— Ah! ça lui prend encore; laissez-le s'amuser. Vous ne savez pas comment ça lui a pris? Ça a été une fois vers mai... De là, vous savez, on voit la butte d'Aubignane, tenez, là-bas. On montait comme ça; il se met à chanter. Cette

fois-là, je n'ai pas attaché d'importance. Le jour
d'après, encore, le jour d'après, encore, et toujours au même endroit; et il tournait la tête
toujours du même côté. Je me dis : « Qu'est-ce
qu'il peut bien y avoir par là? » Je regarde.
Là-bas, à Aubignane où, d'habitude, c'était
roux comme du maïs, c'était vert de verdure,
d'une belle verdure profonde. Elle avait vu ça,
cette bête.

— Ça fait attention à des choses...
— Oui.

Voilà le plateau, voilà le trot des chevaux et
un peu d'air moins chaud.

— Tenez, vous voyez, fait Michel, là comme
partout.

Il montre du fouet un chaume entre les
herbes et de petits gerbiers comme des tau-
pinières.

Malgré le mauvais an, le grand marché d'été
a rempli la villotte. Il y a des hommes et des
chars sur toutes les routes, des femmes avec des
paquets, des enfants habillés de dimanche qui
serrent dans leurs poings droits les dix sous
pour le beignet frit. Ça vient de toutes les
pentes des collines. Il y en a un gros tas qui
marche sur la route d'Ongles, tous ensemble,
les charrettes au pas et tout le monde dans la
poussière; il y en a comme des graines sur les
sentiers du côté de Laroche, des piétons avec

le sac à l'épaule et la chèvre derrière; il y en
a qui font la pause sous les peupliers du chemin de Simiane, juste dessous les murs, dans
le son de toutes les cloches de midi. Il y en a
qui sont arrêtés au carrefour du moulin; ceux
de Laroche ont rencontré ceux de Buëch. Ils
sont emmêlés comme un paquet de branches au
milieu d'un ruisseau. Ils se sont regardés les
uns les autres d'un regard court qui va droit
des yeux aux sacs de blé. Ils se sont compris
tout de suite.

« Ah! qu'il est mauvais, cet an qu'on est à
vivre! »

« Et que le grain est léger! » — « Et que
peu il y en a! »

« Oh oui! »

Les femmes songent que, là-haut sur la place,
il y a des marchands de toile, de robes et de
rubans, et qu'il va falloir passer devant tout ça
étalé, et qu'il va falloir résister. D'ici, on sent
déjà la friture des gaufres; on entend comme
un suintement des orgues, des manèges de chevaux de bois; ça fait les figures longues, ces
invitations de fête dans un bel air plein de
soleil qui vous reproche le mauvais blé.

Dans le pré qui pend, à l'ombrage des pom-
miers, des gens de ferme se sont assis autour de
leur déjeuner. D'ordinaire, on va à l'auberge
manger la « daube ». Aujourd'hui, faut aller
à l'économie.

Ça n'est pas que l'auberge chôme; oh! non :
à la longue table du milieu, il n'y a plus de
place et déjà on a mis les guéridons sur les
côtés, entre les fenêtres, et les deux filles sont
rouges, à croire qu'elles ont des tomates mûres
sous leurs cheveux, et elles courent de la cuisine à la salle sans arrêter, et la sauce brune
coule le long de leurs bras. Ça n'est pas qu'on
ait le temps de dire le chapelet à l'auberge, non,
mais ceux qui sont là c'est surtout le courtier
du bas pays, le pansu qui vient ici pour racler
le pauvre monde parce qu'il sait mieux se servir de sa langue et qu'il veut acheter avec le
moins de sous possible. Pas du beau monde.
Sur la place, les colporteurs et les bazars ont
monté des baraques de toile entre les tilleuls.
Et c'est, répandu à seaux sous les tentes : des
chapeaux, des pantoufles, des souliers, des
vestes, des gros pantalons de velours, des pou-
pées pour les enfants, des colliers de corail pour
les filles, des casseroles et des « fait-tout » pour
les ménagères et des jouets et des pompons pour
les tout-petits, et des sucettes pour les goulus du
tété dont la maman ne peut pas se débarrasser.
Et c'est bien pratique. Il y a des marchands à
l'aune avec leur règle de bois un peu plus
courte que mesure.

« Et je vous ferai bonne longueur; venez
donc! »

Il y a les bonbonneries, et les marchands de

sucrerie et de friture avec des gamins collés
contre comme des mouches sur pot à miel; il
y a celui qui vend des tisanes d'herbes et des
petits livres où tout le mal du corps est expli-
qué et guéri, et il y a, près de la bascule à moutons, un manège de chevaux de bois bariolés et
grondeurs qui tourne dans les arbres comme un
bourdon.

Et ça fait, dans la chaleur, du bruit et des
cris à vous rendre sourd comme si on avait de
l'eau dans les oreilles. Chez Agathange, on a
laissé les portes du café ouvertes. Il en coule
un ruisseau de fumée et de cris. Il y a là-dedans
des gens qui ont dîné de saucisson et de vin
blanc autour des tables de marbre et qui dis-
cutent maintenant en bousculant les verres
vides du poing et de la voix. Agathange n'en
peut plus. Il est sur pied depuis ce matin. Pas
une minute pour s'asseoir. Toujours en route
de la cuisine au café et il faut passer entre les
tables, entre les chaises. Voilà celui-là du fond
qui veut du vermouth maintenant. Va falloir
descendre à la cave. Il est en bras de chemise :
une belle chemise à fleurs rouges. Il a le beau
pantalon et pas de faux col. Le faux col en cel-
luloïd est tout préparé sur la table de la cuisine
à côté des tasses propres. Il y a aussi les deux
boutons de fer et un nœud de cravate tout fait,
bien noir, bien neuf, acheté de frais pour tout
à l'heure.

Au fond de la cuisine il y a la porte du cou-
loir. Elle donne sur les escaliers des chambres.
Elle est ouverte; elle est comme peinte d'une
lumière de cierge qui tombe d'en haut. A des
moments où il y a un peu de calme, Agathange
va à la porte et appelle doucement :

— Norine, vous n'avez besoin de rien?

Une petite voix descend :

« Non. »

— Pas un peu de rhum? Un peu de rhum,
allez.

— Non, va, fais ton travail.

Tout en servant, Agathange regarde la pendule. Il va bientôt être trois heures.

— Quatre fines? Bon.

Il va bientôt être trois heures. Et voilà Norine qui est descendue dans la cuisine.

— Tu as pensé à la caisse, oui? Bien sûr?

Elle demande à Agathange parce qu'on n'est
pas encore venu. Il se ferait temps. Avec la
chaleur qu'il fait, il vaudrait mieux qu'il soit
dedans.

Agathange a sous le bras la bouteille de fine
et à la main la débéloire, et sur l'autre main
le plateau avec des tasses.

— Eh oui, tante, je vous l'ai déjà dit, j'y ai
pensé, mais juste un jour de foire. Et puis, ça
n'est pas l'heure encore, pas tout à fait, c'est
pas trois heures. Il m'a dit qu'il viendrait le
mettre dedans à trois heures; c'est moins cinq.

Tenez : ça sonne. Il va venir, ne vous inquiétez pas.

La petite vieille regarde les tasses propres sur la table et le faux col, et la cravate noire, et l'Agathange qui est rouge et luisant de sueur, et le tiroir du comptoir tout ouvert et qui déborde de billets de cinq francs...

— C'est pas que je m'inquiète, mais... il ne sent pas bon, tu sais...

C'est Jérémie qui a poussé le rideau de la porte et qui a crié :

— Monsieur Astruc, vous voulez du blé?

L'autre en a été si bien bousculé de ça qu'il s'est tourné d'un bloc et que la table et les verres ont tremblé.

— Et où tu en as vu, toi, du blé? Y en a pas dix grains de propre dans tout ton pays.

— Je sais pas s'il y en a dix grains de propres mais, de sûr, j'en ai vu six sacs et du beau.

Il est entré et il est venu sur ses longues jambes jusqu'à la table. Monsieur Astruc le regarde. Jérémie s'y connaît en regards :

— Donnez-moi une cigarette.

M. Astruc sort son paquet.

— Je vous en prends deux.

— Et alors?

— Alors, c'est là-bas, derrière les chevaux de bois, à un endroit que d'habitude on y met les mulets. Il a fallu moi pour aller regarder là-bas. Y en a un qui est là, avec ses sacs devant lui. Il ne dit rien à personne. Il regarde. Il est là. Il attend. Je lui ai dit :

— Hé, qu'est-ce que tu as là?

— Du blé, il m'a dit. Et le plus curieux, c'est que c'est vrai. Vous savez, monsieur Astruc, je m'y connais, vous le savez, c'est pas la première fois... Eh bien, je suis sûr, que du blé comme ça, vous n'en avez jamais vu.

« Donnez-moi un peu de feu.

— Qu'est-ce que tu bois?

— Rien; j'ai assez bu. Mais, si vous faites l'affaire, vous me donnerez quelque chose. Je pouvais aussi bien aller voir le Jacques, mais, j'ai pensé à vous d'abord.

M. Astruc, c'est un beau ventre bien plié dans un gilet double, avec une chaîne de montre qui attache tout et c'est sur deux petites jambes, mais ça se lève tout d'un coup.

— Il faut que j'aille voir. Agathange, je reviens, fais servir des bocks.

C'est bien six sacs qu'il y en a. On les voit d'ici. M. Astruc les a déjà comptés. Il a déjà vu qu'il y a du monde qui regarde le blé. Il a déjà vu qu'il n'y a pas encore les autres courtiers.

— Laissez passer, laissez passer.

Son premier regard est pour le blé. Il en a tout de suite plein les yeux.

— Ça, alors!

C'est lourd comme du plomb à fusil. C'est sain et doré, et propre comme on ne fait plus propre; pas une balle. Rien que du grain : sec, solide, net comme de l'eau du ruisseau. Il veut le toucher pour le sentir couler entre ses doigts. C'est pas une chose qu'on voit tous les jours.

— Touchez pas, dit l'homme.

M. Astruc le regarde.

— Touchez pas. Si c'est pour acheter, ça va bien. Mais si c'est pour regarder, regardez avec les yeux.

C'est pour acheter mais il ne touche pas. Il comprend. Il serait comme ça, lui.

— Où tu as eu ça?

— A Aubignane.

M. Astruc se penche encore sur la belle graine. On la voit qui gonfle la toile des sacs. On la voit sans paille et sans poussière. Il ne dit rien et personne ne dit rien, même pas celui qui est derrière les sacs et qui vend. Il n'y a rien à dire. C'est du beau blé et tout le monde le sait.

— C'est pas battu à la machine?

— C'est battu avec ça, dit l'homme.

Il montre ses grandes mains qui sont blessées par le fléau et, comme il les ouvre, ça fait craquer les croûtes et ça saigne. A côté de l'homme, il y a une petite femme jeune et pas mal jolie, et toute cuite de soleil comme une brique. Et elle regarde l'homme de bas en haut, toute contente. Elle lui dit :

— Ferme ta main, ça saigne.

Et il ferme sa main.

— Alors?

— Alors, je le prends. C'est tout là?

— Oui. J'en ai encore quatre sacs, mais c'est pour moi.

— Qu'est-ce que tu veux en faire?

— Du pain, pardi.

— Donne-les, je te les prends aussi.

— Non, je vous l'ai dit, je les garde.

— Je t'en donne cent dix francs.

— C'est pas plus? demande un homme qui est là.

Celui de derrière les sacs a regardé la petite femme. Et il a fait un sourire avec ses yeux et ses lèvres, et puis il a tourné sa figure vers M. Astruc, sans le sourire, toute pareille à celle qu'il avait tout à l'heure quand il a dit : « Touchez pas. »

— Je sais pas si c'est plus ou si c'est moins, mais, moi, j'en veux cent trente.

Le regard de M. Astruc s'est abaissé sur le blé.

— Bon, je le prends.

Et, il ne l'a pas dit, il l'a gueulé, parce que l'orgue des chevaux de bois avait commencé de grogner.

— Mais, les dix sacs, il a encore gueulé.

— Non, a crié l'homme. Ces six, et pas plus;
les autres, je les garde. je te l'ai dit. Ma femme
aime le bon pain.

Ça en fait une affaire, ce blé! Tout le
monde en parle. D'abord, M. Astruc en a mis
deux grosses poignées dans sa poche. Et il les
fait voir ici et là, partout.

— Regardez un peu, il dit.

Et il ouvre sa main grasse, et elle est pleine
de ce beau blé, beau et solide comme un
homme.

— Ça alors! font les gens. Et cette année
surtout!

— Et toutes les années, tu peux dire, ajoute
M. Astruc, toutes les années; c'est un blé de
concours, ça. C'est la première fois que j'en
vois. Et tout battu au fléau et vanné au mistral.
C'est pas un manchot celui qui a fait ça. Et il en
a les mains en sang.

On écoute et on siffle un long sifflement d'ad-
miration.

— Collègue!

Et le Jérémie!

Il va par toute la foire.

— Tu as vu le blé qu'il a acheté, Astruc?
Si on dit oui il fait :

— C'est moi qui l'ai trouvé. Il allait partir
sans rien, nu comme un ver. C'est moi qui l'ai
trouvé.

Si on dit non, il attrape l'homme par l'épaule et lui crie :

— Va le voir que de ta vie tu en verras.

Ça en fait une affaire!

A quatre heures de l'après-midi, on ne parle plus que de ça.

— C'est un d'Aubignane, y paraît.

— Je crois que je le connais.

— Vous voyez ce que c'est que la terre. Ils sont tous partis un après l'autre que ça ne payait pas, il paraît : et puis, vous voyez.

— Agathange le connaît.

— Moi aussi, on y dit Panturle. Son nom : c'est Bridaine; on est un peu cousin, de loin, du côté de la femme.

— On a beau dire, ce blé du dehors, pour nos terres, ça ne vaut pas le blé du pays. Tu vois...

Et M. Astruc court comme un rat malgré son gros ventre et il a toujours la main à la poche.

Derrière les chevaux de bois, là-bas, sous les tilleuls, il y a toujours Panturle. Il est lourd et tout saoul de cet orgue qui grogne comme dix pourceaux, et il est lourd aussi de tout cet argent qu'il a dans la main. Arsule est contre lui, appuyée contre lui et luisante de joie comme une flamme de cierge.

C'est ça, le vin de Panturle : c'est de la sen-

tir contre lui et contente. Là qu'il n'y a personne, il lui met son bras autour de la taille
et il la serre un peu pour la sentir souple et
qui se plie comme une gerbe; et dans son autre
main il a les sous.

— Tu es contente? il lui dit.

— Je serais difficile...

— Ça en fait de l'argent, ça. Combien tu dis
que ça fait?

— Sept cent quatre-vingts.

— J'en ai jamais tant eu.

Puis, ils se sont dressés et ils sont partis dans
la foire. C'était entendu comme ça. Et tant
qu'ils n'ont pas été dans le monde, Panturle a
gardé Arsule serrée contre lui avec l'arc de son
bras, mais comme ils ont débouché entre les
baraques, il l'a pressée une dernière fois puis
il l'a lâchée. Et ils vont comme deux personnes
raisonnables.

Ils se sont arrêtés devant l'étalage de Lubin.

— Celui-là, il vend bon. Tu devrais t'acheter une paire de pantalons et une veste.

— Et toi?

— Ah! moi...

— Si tu t'achètes rien, moi non plus.

— Moi, je verrai.

— Moi aussi.

Et ils ont passé.

Ça a failli les brouiller parce que ça a été
comme ça devant les souliers et devant tout.

A la fin, Panturle a pris les billets qui étaient dans son sein, entre la chemise et la peau et il les a donnés à Arsule. Tous.

— Tiens, fais un peu ce que tu veux.

Comme ça, ça a marché : ils ont acheté la veste, les pantalons, les souliers, deux couvertures bien belles, toutes de laine, un gros panier qui ferme avec une tringle, six mouchoirs, trois larges et trois petits, une longue corde, une pierre à aiguiser, trois couteaux de table, une casserole, un fait-tout.

Et puis, Arsule s'est mise à rire; elle a tiré un billet de dix francs et elle a dit :

— Tu me le donnes, celui-là?

— Eh, je te les donne tous.

— Non, mais, celui-là, je le veux pour moi.

— Tu n'as qu'à le prendre.

Elle l'a pris en riant puis elle a dit :

— Attends-moi, je vais m'acheter quelque chose.

Il a attendu, là, près de la Poste. Elle a quitté la foire et elle est descendue dans la rue qui va à la grand-place.

Au bout d'un moment, elle est revenue avec un petit paquet plié dans du papier de soie.

— Tiens, elle a dit.

Ça a été une belle pipe toute neuve. En bois de bois, et un paquet de tabac.

Il en avait les larmes aux yeux. Il n'a su que dire :

— Toi, toi... comme une menace, comme pour dire : « Toi, si jamais je te tiens... »

Elle en est toute gonflée de joie comme un pigeon.

— Je savais que tu en avais envie. Et, tu vois, il m'a resté seize sous.

Et, c'est vrai, il lui reste seize sous.

Ils auraient pu attendre Amoureux. C'est lui qui leur a porté les sacs avec la charrette et il leur a dit :

— A six heures soyez devant le charron et attendez-moi, on rentrera ensemble.

Mais ils en ont assez de tout ce bruit, de ces musiques, de tous ces cris, des pétards, et de tous ces gens qui boivent, et de tous ces marchands qui chantent, et de l'orgue qu'on tourne à tour de bras.

— Ça me fait un zonzon, dit Panturle, qu'à l'endurer je deviendrais fou.

— Et moi! dit Arsule.

Le vrai, c'est qu'ils ont soif d'être seuls dans leur silence. Ils ont l'habitude des grands champs vides qui vivent lentement à côté d'eux. Là, ils sont cimentés, chair contre chair, à savoir d'avance à quoi l'autre réfléchit, à connaître le mot avant qu'il ait dépassé la bouche, à connaître le mot quand on est encore à le former péniblement dans le fond de la poitrine. Ici, le bruit les a tranchés comme un couteau et ils ont eu besoin, tout le jour, de se toucher du bras ou de la main pour se contenter un peu le cœur.

— Tu ne sais pas ce qu'on devrait faire, si on faisait bien? On partirait tout de suite à pied.

Ils sont partis par la route de Saint-Martin; ça fait raccourci.

Il y a eu d'abord un grand peuplier qui s'est mis à leur parler. Puis, ça a été le ruisseau des Sauneries qui les a accompagnés bien poliment en se frottant contre leur route, en sifflotant comme une couleuvre apprivoisée; puis, il y a eu le vent du soir qui les a rejoints et qui a fait un bout de chemin avec eux, puis il les a laissés pour de la lavande, puis il est revenu, puis il est reparti avec trois grosses abeilles. Comme ça. Et ça les a amusés.

Panturle porte le sac où sont tous les achats. Arsule, à côté de lui, fait le pas d'homme pour marcher à la cadence. Et elle rit.

Il est venu alors la nuit et c'était au moment où, sortis du bois, ils allaient glisser dans le vallon d'Aubignane; il est venu alors la nuit, la vieille nuit qu'ils connaissent, celle qu'ils aiment, celle qui a des bras tout humides comme une laveuse, celle qui est toute brillante de poussière, celle qui porte la lune.

On entend respirer les herbes à des kilomètres loin. Ils sont chez eux.

Le silence les pétrit en une même boule de
chair.

Il y a eu, juste après cette foire, trois jours
comme on en a souvent au commencement de
l'automne. Un choléra! Ça a fait les cent
cochonneries : et du vent, et de l'eau et de
l'orage; le ciel était comme un chaudron. Avec
ça, il a fait un froid de glace. Aujourd'hui, il
reste un beau brouillard blanc comme du lait.
C'est trop mouillé, on ne peut pas sortir, on
porterait tout le champ sous le soulier. Panturle
est dans la cuisine à faire un manche pour le
tournevis. Arsule a vidé l'armoire. Elle a trouvé
au grenier une malle pleine de journaux qui
datent de l'an sept. Avec des ciseaux, elle fait
des festons dans le papier pour le mettre sur
les planches.

-- Ça protège puis ça fait joli.

Elle est là-haut à la chambre; on l'entend
aller et venir. Le brouillard est contre la vitre.
On ne voit même pas le village. On entend dans
ce brouillard un corbeau qui crie. Et on le voit
passer de temps en temps devant la vitre comme
une ombre de l'air. A part ça, pas de bruit,
sauf le craquement du silence.

Panturle s'est mis dans le petit rond de jour

gris qui coule de la fenêtre. Il a amenuisé un
morceau de branche de chêne et il le fait entrer
de force dans le collier du tournevis.

Mais le voilà tout d'un coup qui lève le nez
et qui reste un moment, les mains perdues, à
écouter. Puis, il se tourne doucement vers la
porte. Et, en se tournant, il fait attention de
poser ses pieds sans bruit sur les dalles, et le
voilà. maintenant, il fait face à la porte. Il
envoie sa main sur le grand couteau de chasseur qui est sur la table. Il bloque le manche
épais dans son poing et la lame est dessous
comme une feuille d'iris mouillé. Sans bouger
la tête il regarde cette lame. Ça va. Elle est là.
Bon. Il respire alors silencieusement à grands
coups.

Et voilà que, sur la porte, il y a comme un
frôlement. Et voilà qu'on a poussé la porte un
peu, pour voir. Lui. il a compris ça parce que,
depuis qu'il a saisi le couteau, il ne lève plus
ses yeux de dessus le grand levier de la serrure,
le levier qui est retenu par un cran de fer. Et
ce levier. qui a un peu de jeu, a bougé à plat,
et il a claqué contre le cran. Panturle regarde
encore une fois le couteau. Puis, il a regardé
le plafond. Là-haut dessus. les pas d'Arsule ne
s'entendent plus. mais il descend un petit bourdon qui est une chanson et qu'il connaît bien...
Bon. Elle est là-haut en train de couper son
papier. Ça va. Pour monter là-haut. il n'y a que

l'escalier. Et l'escalier, il y est devant, lui, Panturle et son couteau.

Ça peut aller.

Voilà le levier de la serrure qui doucement
se relève. Sans bruit; on fait attention. On
pousse la porte. Déjà, par l'entrebail, le brouillard du dehors fume.

La porte s'ouvre. C'est un homme qui est
sur le seuil. Comme il voit Panturle, il reste,
la main sur la poignée de la porte. C'est un
vieux.

— C'est pas la maison de Bridaine, ça ici?

— C'est, dit Panturle.

— Salut, dit l'homme.

— Salut, dit Panturle.

— Je viens un peu voir pour... Attends ça ne
te fait rien que j'entre? Il fait pas chaud dehors.

— Entre et pousse la porte.

Panturle n'a pas lâché le couteau et regarde
l'homme. L'homme fait un peu celui qui
tremble, avec le frisson, en serrant sa veste.

— Il fait meilleur ici.

— Oui il fait pas mauvais. Tu es seul?

C'est à ce moment-là que l'homme a vu le
couteau.

Il a fait oh!

Puis :

— Oui, je suis seul, et tu n'as pas besoin
de ça, Bridaine; je ne suis pas venu comme tu

crois et je ne suis pas de ceux que tu crois. Et
ça, c'est un bon couteau. Et je m'y connais en
couteaux : je suis aiguiseur.

— Ah! c'est ça, a fait Panturle; il lui est
venu du sourire sous la moustache, et il a quitté
le couteau.

— Oui, c'est ça, a dit l'homme.

Il l'a fait asseoir près de l'âtre et la soupe
cuit sur des braises sages. Il a écouté. Le bourdon de là-haut, on l'entend à peine. Il faut
savoir pour l'entendre. Il vaut mieux.

L'homme a regardé lentement les quatre
murs, l'un après l'autre, en inspection.

Là, sur le mur de droite, il y a un fichu de
femme pendu à un clou. Il l'a vu sur le manteau de la cheminée, il y a des boîtes bien ran-
gées; les plus grosses devant, les plus petites
en queue. D'un côté de la fenêtre, il y a une
chaise et, sur le dos de la chaise, des bas de
femme; sur la paille de la chaise, il y a une
pelote de coton à repriser, une boule de bois,
une carte d'aiguilles. Ça va. De l'autre côté de
la fenêtre... mais ça va comme ça.

— Alors voilà, dit l'homme j'ai demandé et
on m'a dit : « Il est à Aubignane. » C'est
presque ma route. J'ai fait un détour et je suis
venu. Ça ne m'allonge pas beaucoup : un peu
mais tout juste, et puis, j'ai quelque chose à te
dire.

— Dis.

— Tu n'as pas bougé d'ici, toi?

— Non.

— Et tu vas souvent dans la campagne, là, autour?

— Oui.

L'homme se tait. Ça n'est pas encore mûr ce qu'il veut dire.

Il dit :

— Moi, une fois, j'ai passé par ici et je suis venu à cette maison, mais il n'y avait personne. Puis, cette fois-là aussi, j'ai été embêté tout le temps. Puis, cette fois-là aussi, j'ai tiré, sur le bord, un homme qui se noyait dans le trou des Chaussières.

— Je sais.

— Tu sais?

— Oui : c'était moi.

— C'était toi?

Son contentement est tout écrit sur sa figure.

— Ah! bon.

Il se détourne, le temps d'effacer cette joie qui se voit trop.

— C'était toi alors. Ah bon. Parce que, justement, tu pourras me dire et m'expliquer, et ça ne sera pas pour rien que je serai venu jusqu'à Aubignane.

« Voilà en deux mots : cette fois-là, puisque c'était toi, j'étais avec une femme. Tu sais?

Un moment on n'entend que deux ou trois

grosses gouttes de pluie qui viennent taper à la
vitre, parce qu'il s'est mis finalement à pleuvoir
encore.

Panturle ne répond pas.

— J'étais avec une femme, donc. Je vais te
dire tout bien comme il faut pour que tu com-
prennes. C'était une que j'avais ramassée. Ça
allait ensemble. Et puis, de cette nuit-là, elle
a disparu comme de la buée. Elle s'est fondue
dans l'air du jour. Toi, je comprends, tu t'es
remis, comme le frais de la nuit tombait et
tu t'es trouvé là, tout seul parce que tu ne
nous voyais pas; nous étions couchés sous les
saules. Alors, tu es parti, c'est naturel, mais
elle? J'ai pas encore compris.

« Alors, voilà, je voulais te demander. comme
j'ai déjà demandé aux autres des fermes. là-bas :
des fois, en te promenant par là, pour-chasser
ou d'autre, tu ne l'aurais pas rencontrée, ou
vive ou morte, enfin de toute façon, n'importe
comment, pour savoir, afin que je sache, enfin.

On entend la pluie sur les vitres.

Il continue tout à la suite :

— Parce que je vais te dire. voilà ce qui en
est, et le vrai pourquoi. Cette femme, je te l'ai
dit, je l'ai ramassée comme ça, à Sault un jour.
Et c'est pas de la fine fleur, non, pas précisément,
mais de la roulure d'un peu partout. Moi, pas
vrai, j'étais pas difficile, dans mon métier et
puis à mon âge, et puis, pour ce que je voulais

en faire! Enfin de toute façon, c'est comme ça.
C'est des « Marie-couche-toi-là ».

« Et puis aussi, pour ce qui est des choses de
la maison — ces femmes-là, d'ailleurs c'est toujours comme ça — elle vaut pas un pet de lapin.
Tiens, moi, j'aime la soupe de haricots secs
avec quelques pommes de terre et des pommes
d'amour, et un petit brin de basilic, et un petit
rayon d'huile. C'est pas difficile. Elle l'a jamais
réussie. C'est comme ça. C'est un peu chatte, tu
sais; ça se fourre au chaud dans les cendres de
tout le monde, ça y roupille, mais, pour le travail, ah oui, l'a toujours le temps.

« Et puis, pour le sentiment, tiens, voilà
encore une chose qu'on aime. Et ça coûte pas
beaucoups les grands-mercis, et ça montre qu'on
est bien élevé, et puis ça se doit. Eh bien, pour
ces choses du sentiment, c'est du bois mort ou
de la pierre. Tu peux te mettre là à lui donner
tout ce qu'elle veut, lui faire de bonnes ma-
nières, lui porter ci, lui porter ça, lui aplanir
la vie du jour. Rien : comme du bois; ça a pas
plus de reconnaissance que la borne des routes.
Tiens, j'ai eu un chien, moi, j'en avais plus de
satisfaction.

Tout le long de ça, Panturle s'est dressé; il
est allé à la table; il a pris sa pipe et son tabac,
puis il est revenu s'asseoir; il a bien bourré sa
pipe du pouce et maintenant, il l'allume avec

un morceau de braise. Il a pris la braise directement dans le feu avec ses doigts. Il la tient sur le tabac et il pompe des joues. Et, enfin, la fumée vient et, au bout d'un peu, elle est bien épaisse. La braise est devenue noire entre ses doigts.

L'homme après ça, attend. Panturle regarde le bout de sa pipe.

— Je te dis tout ça, reprend l'homme, parce que c'est la vraie vérité. S'il y a un mot de trop, que je ne bouge pas d'ici. Des fois, comme ça, dans la vie, ça vous empêche d'être blousé. Parce que, avec des êtres comme ça, plus on est bon, plus on est vite ratiboisé. Alors, pas vrai, il vaut mieux qu'on sache. Parce que, une fois qu'on est prévenu, il faut qu'on soit andouille pour qu'on se laisse faire. Pas vrai?

Panturle fume. La pluie colle son ventre de limace contre les vitres. Une gouttière crache du côté de l'écurie. L'homme met la main sur les genoux de Panturle.

— Collègue, voilà, j'ai tout dit. C'est pour ton bien. Il m'a semblé te voir à la foire. Et on m'a dit que tu sais où elle est, cette femme?

Panturle recule son genou. Il ôte la pipe de sa bouche.

— Oui, je le sais, il dit. Elle est ici avec moi.

— Et alors?

— Alors rien.

— Après tout ce que je t'ai dit!

— Oui.

Ils restent comme ça à se regarder. Et alors sur la lèvre de l'homme, il est venu comme un sourire, un petit serpentelet de sourire qui a été coupé en deux par la voix de Panturle.

— Oui, après tout ce que tu as dit, parce que ça ne compte pas et... (il se cure la gorge, car il en a lui aussi à dire et pour longtemps, et de vraies vérités aussi et, une fois le gosier net, ça n'est plus la peine) et voilà.

Et puis, quand même, il veut écraser en plein le sourire.

— Qu'est-ce que ça peut me faire? Et puis, on m'a fait deux yeux et deux oreilles, et deux bras, avec de bonnes mains et je m'en sers seul, et je sais regarder l'alentour sans l'aide de personne, et je sais ce que je sais.

« D'abord, si elle est si mauvaise que ça, tu dois être bien content d'être débarrassé.

— Oui, mais c'était ma femme, et je l'ai nourrie pendant deux ans.

Panturle quitte la pipe sur la pierre de l'âtre. Et il tourne sa chaise, et il assoit son grand corps bien en face de l'homme, et il commence de le regarder dans le droit fil de l'œil, sans cligner, et il reste comme ça un moment et les braises pouffent dans les cendres parce qu'il pleut le long de la cheminée.

— Tu l'as nourrie? Pendant deux ans! C'est possible. Et toi, collègue, tu as un peu pensé

que, comme ça, elle t'avait donné deux ans de
sa vie à elle? Deux ans et, durant ces deux ans-
là, tu as un peu pensé qu'elle se figurait sa vie
finie et le reste des jours pareils à ceux qu'elle
vivait avec toi? Ecoute, ne te fâche pas, on est
ici pour se parler, on est ici pour tout se dire,
face à face. Parce que, les morceaux que je tiens,
d'habitude, je ne les lâche que si on me les fait
lâcher, et, pour me les faire lâcher, faut être
fort. Passons. Donc, tu as un peu pensé à ce que
je te dis? Ça devait pas donner beaucoup de
rire d'être avec toi. Tu as combien? Ne réponds
pas, ça se voit. Tu me comprends? A mon avis,
c'est payé.

L'homme est là à réfléchir, à faire sonner les
mots en lui-même. Et ils ont bon son.

— Ça va, qu'il dit. Ça va. Je suis payé, tu
dis. Et tu dis que je suis vieux. Bon, c'est de
ça que je veux te parler justement. Je suis
vieux; eh bien, c'est à ça surtout que j'ai pensé
quand je l'ai prise avec moi. Tu sais pas encore,
toi, ce que c'est que d'être vieux. Tu le sauras,
je te le souhaite. Alors, pour moi, c'était un peu
la compagne, et puis, j'aime mieux te le dire,
elle me traînait la charrette.

Et il se tait. Il baisse la tête. Il met sa main
droite sur son épaule gauche pour tâter le mal
dur qu'y a planté la bricole et qui rayonne des
racines de douleur dans tous ses reins.

— Achète-toi un âne.

— C'est cher.

— Bon, dit Panturle lentement. Je suis pas de ceux qui prennent dans le bien des autres et j'aime quand on parle en face. Ecoute : à te dire le vrai, je t'attendais un jour ou l'autre. Tu es venu ce jourd'hui, on va régler ça ce jourd'hui et ce sera fini. Tu vas voir.

Il se dresse. Là, tout debout, il est aussi grand que la cheminée. Il n'a qu'à étendre la main et il a la petite boîte où il y a marqué « poivre » dessus. Il s'assoit.

— Voilà : l'âne, je te le paye. Mais, tu me comprends; je te remplace la femme par un âne. Tu me comprends? Je te donne de quoi acheter un âne et c'est fini

Il tire de la boîte un billet de cinquante francs.

— Oui, mais le harnais, dit l'autre, et la longe, et tout?... parce qu'il faut que je fasse mettre un brancard à la charrette alors...

— Bon, fait Panturle, ça sera donc soixante, et voilà. Des ânes, tu en trouveras à trente francs tant que tu voudras.

Il a les billets au bout de ses doigts. Il dit encore une fois : « Tiens » parce que l'autre hésite et mâche encore quelque chose dessous sa moustache :

— Tiens.

L'homme prend les deux billets, il les compte : un, deux. Bon. Il les garde un peu dans les mains. Si des fois il y avait encore à y revenir... Non. Il les met dans sa poche. Ça y est.

— Mais, tu vas me faire un papier, dit Panturle.

— Un papier, et de quoi? Ça se fait pas pour cette chose.

— Ça se fait pour tout. Tu mets : « Reçu soixante francs » et puis tu signes. Pas plus. Ça ira. On saura, toi et moi, ce que ça veut dire. Va.

On a fait le reçu. Gédémus avait un crayon et il a déchiré une page de son carnet où il marque les comptes de chacun.

— Mets un trait dessous soixante, lui dit Panturle, pour que ça se voie bien. Là. Qu'est-ce qu'il y a d'écrit, là-dessous?

— Gédémus, c'est mon nom.

— Bon, ça va. Attends, on va boire un coup. Ils ont trinqué avec du vin.

— Maintenant je pars, dit Gédémus.

— Eh oui, dit Panturle.

Il l'a accompagné jusqu'à la porte. Il ne pleut plus. Ça n'a pas été une grosse pluie. Il y a même du soleil au-dessus de la brume et l'herbe luit.

Gédémus s'arrête sur le seuil.

— Tout ce que je viens de te dire de la

femme, là, tu sais, eh bien, il n'y a rien de vrai.

— Je sais, dit Panturle.

Il laisse la porte ouverte pour bien le regarder partir. Et voilà. Le silence revient. Une branche de tilleul s'égoutte dans un seau qu'on a laissé dehors.

Panturle rentre doucement jusqu'à la table. Il replace la boîte de poivre sur la cheminée.

Il faut mettre un manche à ce tournevis.

Maintenant que le silence est là, on entend encore là-haut Arsule qui chantonne en rangeant l'armoire.

IV

Les labours d'automne ont commencé ce matin. Dès le premier tranchant de l'araire, la terre s'est mise à fumer. C'était comme un feu qu'on découvrait là-dessous. Maintenant que voilà déjà six longs sillons alignés côte à côte, il y a au-dessus du champ une vapeur comme d'un brasier d'herbe. C'est monté dans le jour clair et ça s'est mis à luire dans le soleil comme une colonne de neige. Et ça a dit aux grands corbeaux qui dormaient en volant sur le vent du plateau : « C'est là qu'on laboure, il y a la vermine. » Alors ils sont tous venus, d'abord l'un après l'autre en s'appelant à pleine gorge, puis par paquets, comme de grandes feuilles emportées par le vent. Ils sont là autour de Panturle, à flotter dans l'air épais comme des débris de bois autour d'une barque.

Ça pouvait être dans les onze heures du matin quand Panturle s'est arrêté pour raccommoder la longe qui venait de casser. Et, juste au mo-

ment où il levait la tête, ayant fini, à travers le
soleil, maintenant chaud, il a vu un homme
debout sur le champ de Marius Aubergier.

Du coup, il en a laissé retomber la courroie.

Qu'est-ce que ça peut être celui-là? Arsule
est seule à la maison. Il a pesé sur le pieu du
frein et il a cloué comme ça l'araire bien profond dans la terre. Il a donc amarré la charrue
bien solide là, au bout du champ, à telle force
que le cheval pouvait faire la fantaisie sans rien
risquer et il allait rentrer à la maison quand il
a vu l'homme descendre vers lui. Alors, il l'a
attendu. Mais il a laissé l'attelage à l'ancre
parce qu'on peut avoir besoin de ses mains
libres, on ne sait jamais.

L'homme est venu tout droit. Il avait une
petite casquette; le velours de ses pantalons
était presque neuf. On l'entendait crier de loin.

Arrivé auprès du sillon, il se penche et il
prend un peu de terre dans les doigts. Il la
regarde, il la sent, il la tripote dans ses doigts
à la faire couler, puis il regarde la graisse rousse
qui reste après sa peau. Puis il essuie ses doigts
après son pantalon, puis il vient.

— Alors, qu'il dit, ça se fait bien?

— Pas mal, répond Panturle.

De près, c'est un homme un peu plus petit
que Panturle, mais tout râblé, avec de bons
angles, des épaules en devant de brouette et
de bonnes mains.

— C'est de la riche terre ça, tu sais.

— Pas mauvaise, dit Panturle.

— Je te dis ça, continue l'homme, parce que je vais être ton voisin. Oui. C'est pas toi qui as vendu de si beau blé à la foire de Banon? Si? Eh bien, c'est toi qui l'as décidé, donc. Il y a bien longtemps que la femme me dit : « Mettons-nous sur notre terre, Désiré, on sera nos maîtres. » Il y a longtemps qu'elle le dit, mais on n'a jamais pu le faire. La bourse est pas grosse, et la terre, tu sais, en plaine, ceux qui l'ont la tiennent à pleines dents. Moi, je suis fermier du côté de Mane. Et, au fond, cette chanson de la femme, ça me travaille, en dedans aussi, depuis beau temps. Alors, ça s'est tout fait comme arrangé d'avance.

Panturle lui a dit :

— Tu vas venir manger un morceau mais laisse-moi encore faire trois raies. Et l'homme a marché à côté de la charrue pendant que Panturle finissait. A tout moment il se baissait sur la terre, il en prenait des poignées et en tâtait la graisse.

En entrant à la maison, l'homme a eu un regard heureux pour chaque chose. Il y avait un beau jour gris, doux comme un pelage de chat. Il coulait par la fenêtre et par la porte et il baignait tout dans sa douceur. Le feu dans l'âtre soufflait et usait ses griffes rouges contre le chaudron de la soupe, et la soupe mitonnait en gémissant, et c'était une épaisse odeur de poireaux, de carottes et de pommes de terre bouillies qui emplissait la cuisine. On mangeait déjà les légumes dans cet air-là. Il y avait, sur la table de la cuisine, trois beaux oignons tout pelés qui luisaient, violets et blancs, dans une assiette. Il y avait un pot à eau, un pot d'eau claire et le blond soleil tout pâle qui y jouait. Les dalles étaient propres et lavées et, près de l'évier, dans une grosse raie qui avait fendu les pierres et d'où on avait jour sur la terre noire, une herbe verdette avait monté qui portait sa grosse tête de graine (Arsule la laisse là pour le plaisir. Elle l'appelle Catherine et elle lui parle en lavant les assiettes).

L'homme a tout regardé en prenant son temps, un temps pour chaque chose, tout posé. Il se fait une idée. Et, quand il se l'est faite, il dit :

— Vous êtes bien, là.

Et, cette idée, si des fois elle n'avait pas été bien finie, elle s'est finie avec la bonne soupe d'Arsule, une pleine écuellée que les bords en étaient baveux, puis encore une, avec tous les légumes entiers, avec les poireaux blancs comme des poissons et des pommes de terre fondantes, et les carottes et tout le goût que ça laisse dans la bouche. Il y a eu une grande taillade de jambon maigre avec un liséré de gras qui miroite comme de la glace de fontaine. Puis il y a eu le fromage jauni entre les feuilles de noyer et parfumé aux petites herbes, et l'homme a mâché plus lentement, alors, d'abord parce qu'il commençait à avoir le ventre plein et puis parce qu'avec sa bouche il lui semblait qu'il pétrissait de la langue un morceau de la colline même avec toutes ses fleurs. Alors la pensée a été finie en plein et il a encore dit :

— Vous êtes bien ici, vous êtes bien!

Puis :

— Ça, c'est la vie!

Puis :

— Quelle bonne ménagère!

Puis :

— On sera voisins, de bons voisins, des choses comme il n'y a plus qu'ici... Je te prête-rai mon mulet; j'ai un semoir américain. Et puis, tu verras... tu verras, va...

Alors, il est venu l'heure de se séparer, parce que, depuis un moment, l'homme ne dit plus rien, tout saoulé de bonne soupe en dedans et tout saoulé de bonnes images en dehors. Et Pan-turle s'est mis à repenser à son travail. Alors, il est venu le moment de partir. L'homme a serré la main de Panturle. Il a serré le petit doigt d'Arsule qui avait les mains mouillées, déjà at-telée à son lavage et il leur a dit en s'en allant :

— A dans trois jours; vous verrez toute la

famille : la femme qui est bonne, elle aussi,
puis les galopins; vous verrez, j'ai un garçon et
deux petites filles.

Il a donc fallu installer tout ce monde. Ça
a été une belle fête.

Il était peut-être dans les quatre heures du
matin, en pleine nuit quoi, quand ils sont arrivés. On dormait dans la maison. Ça été d'abord
des :

— Oh! l'homme, qui ont dû durer pas mal
de temps parce qu'on dormait comme des
sourds. Puis ils ont tapé contre la porte et Panturle s'est levé.

On les a fait entrer dans la cuisine. Le feu
a été vite allumé, Arsule est descendue avec un
jupon seulement sur sa chemise et toute fleurie
de ses seins gras. Puis, devant le monde, elle
s'est couverte.

La femme de Désiré, c'est Delphine qu'elle
s'appelle. C'est une petite femme replète, toute
bien charnue par-devant et par-derrière. Elle a
un cou épais qui semble fait en graisse de porc,
deux petits yeux bien aigus et une bonne
bouche de fruit.

— Oui, Madame, lui a dit Arsule.

Delphine est allée par trois fois à la carriole
et, chaque fois, elle est revenue avec les bras
pleins d'un enfant endormi. Ça a d'abord été la
plus petite, Madeleine, avec la figure comme

gonflée de bon sommeil et tout à fait comme une rose ouverte.

Puis la sœur Pascaline, et sa tête se balançant en arrière comme une courge au bout de sa tige.

Puis, le petit Joseph, et celui-là, il a été presque sur le point de se réveiller. Il a ouvert la bouche et il a dit :

— Allez, hue! le bestiau.

Mais, c'était dans son rêve.

On les a couchés sur des sacs. On a fait du vin chaud. L'aube est venue et le jour. De ce temps, Désiré avait dételé le mulet et l'avait mis à l'abri à côté de Caroline, dans l'étable.

— Le mieux à faire, a dit Panturle, c'est de laisser les bourgeoises là et d'aller, nous deux; après, on reviendra les prendre.

C'est comme ça qu'ils ont fait, et Arsule et Delphine ont lié connaissance en plein, à leur façon, à la façon des femmes; en parlant de cette chose, puis de celle-là; du jupon, du confit d'olive, de ce que ça coûte les souliers, de la peine qu'on a; qu'on ne doit pas trop se plaindre. Et ça a bien marché.

Les enfants se sont éveillés tout ébahis et il y avait des bols de lait de chèvre pour tous les trois et Arsule les leur a portés en tremblant.

Puis, les hommes sont retournés : c'étaient des frères. Ils avaient marché dans de belles terres et le matin coulait comme un ruisseau d'or.

— Ce qu'il faudra faire, Delphine, ça sera de
monter les lits, ceux des petits et le nôtre, puis
de placer la table. La cheminée est bonne.
Pour la cuisine, celui-là dit qu'on mangera ici,
ce midi.

— Bien sûr, fait Panturle.

— Ah mais non, ça va déranger, dit Delphine.

Mais Arsule :

— Si, vous mangez ici; ça me fait joie d'avoir
un peu ces petits.

Elle ne les a pas quittés de tout le jour. La
maman avait du travail avec son installation;
elle les a promenés dans les champs. Le petit
garçon, lui, était avec son père et Panturle qui
mesuraient les terres avec leurs grands pas.
Arsule a pris les deux fillettes par la main et
elle les promène dans tout l'alentour. C'est le
plus beau jour de toute cette fin d'automne.
L'air est bien aiguisé et bien net, mais le soleil
est encore chaud et il n'y a pas de nuages. On
entend le vol des grives dans les genévriers. Un
lièvre roux s'arrête tout étonné au milieu de la
garrigue puis part d'un grand bond tendu à
ras de terre. Des corbeaux s'appellent; on les
cherche, on ne les voit pas. On dirait que c'est
la grande faïence bleue du ciel qui craque.
Dans les haies sans feuilles, il y a les fruits de
l'églantier que la gelée des nuits a touchés et
qui sont mous et doux.

La petite Madeleine a dit à Arsule qu'à Mane on appelait ça des « gratte-cul ».

Elles ont ri toutes les trois et Arsule a dit :

— Attends que je te le gratte, moi, attends, va!

Elles sont allées près du ruisseau. Il était tout emmoustaché d'herbes sales et grognon parce que les pluies lui ont donné pas mal d'eau. Alors il se plaint. Il se plaint de graisse. Il n'est jamais content. L'été il est là à gémir qu'il va mourir, et puis... c'est toujours comme ça les ruisseaux.

Ainsi, les petites ont commencé leur amitié avec cette nouvelle terre.

Il y a un courlis qui appelle dans les taillis. Elles ont su que, quand on allait vers Basse-Lande, il faut serrer le fichu, autrement l'humide vous prend. Elles ont su que, quand on va vers le plateau, ce bruit qu'on entend, c'est le vent. Il ne faut pas avoir peur.

Puis, Arsule les a tant caressées!

Le soir est venu et on a entendu appeler :

— Pascali...i...ine.

On est revenu vers le village.

Delphine a déjà fait son nid. La maison où elle s'est installée est juste devant les champs en pente. En montant, on voit le feu de la lampe :

— Alors, vous ne voulez pas manger avec nous, ce soir?

— Ah! dit Delphine, que voulez-vous, il faut

s'accoutumer. Si nous commençons de ce soir
à faire compagnie, il ne nous restera rien pour
les veillées de cet hiver. Non, la maison est
prête, on va y rester.

Il y a du feu dans l'âtre et des flammes de
plus d'un mètre et ça fait un beau bruit doux
au cœur. C'est déjà tout bien avenant, balayé
et rangé. Il y a peu, mais c'est bien placé. Et,
le long du mur, l'ombre fait meuble.

— Bonsoir, font les petites en tendant leurs
joues.

Arsule descend toute seule. Là-haut, les
petites parlent.

On dirait un nid de pies.

— C'est moi, dit Arsule en arrivant.

Panturle a fait la soupe

— Et où vas-tu maintenant?

— Voir la chèvre, dit Arsule.

Elle a cherché sous le ventre de Caroline et
là, dans le poil chaud, elle a tâté et elle a pris
un petit chevreau. Elle s'est assise dans la paille,
à côté de la mère chèvre. Elle a mis le petit
chevreau sur ses genoux. Elle le caresse. Cette
promenade, ça lui a donné un grand appétit
de caresses d'enfant.

V

Il est revenu le grand printemps.

Le sud s'est ouvert comme une bouche. Ça a soufflé une longue haleine, humide et tiède, et les fleurs ont tressailli dans les graines, et la terre toute ronde s'est mise à mûrir comme un fruit.

L'escadre des nuages a largué les amarres. Ça a fait un grand et long charroi de nues qui montaient vers le nord. Ça a duré; à mesure, on sentait la terre qui se gonflait de toutes ces pluies et de la vie réveillée de l'herbe. Enfin, une belle fois, on a vu bouillonner le ciel libre sous la poupe du dernier nuage.

Il est resté pourtant une balayure de ciel et elle flotte, accrochée au clocher d'Aubignane comme un linge autour d'une pierre dans un ruisseau.

On est là; on n'ose pas encore commencer la peine de printemps, prendre la bêche ou le sac aux semences, commencer; on n'ose pas. Il peut

pleuvoir encore, d'un moment à l'autre; on est
directement sous le halètement du grand nuage,
et le jeune jour blond est encore tout tremblant
d'éclairs.

— Ça, tant qu'il ne sera pas venu, le vent...

Panturle est assis près du rocher, sous le
cyprès. Il a posé ses mains inutiles sur les
genoux. Il fume. Il regarde sa fumée. Elle se
déploie hors de sa pipe comme une chose vivante; elle a du corps. C'est que l'air est encore
calme. Le vent n'est pas venu.

Il écoute.

Non, le vent n'est pas venu. On n'entend pas
son pas dans le ciel, mais le sud est tout propre
et ça ne tardera pas. Peut-être ce soir, peut-être
demain.

— C'était comme ça, le soir de la Mamèche.
Et depuis... Si elle voyait ça. Elle le voit ou il
n'y a pas de justice.

Désiré a repeint ses volets et il a mis une
porte neuve à sa grange. On entend Delphine
qui appelle ses petites, et, puis des voix d'enfants dans les haies. Les deux maisons ont le
velours de labours devant leurs portes comme
des tapis.

Panturle est à la réflexion. C'est un jour clair.
On voit bien des choses. Ça arrive net et propre
devant les yeux et l'on voit bien les pourquoi
et les comment. Il voit l'ordre. Et c'est tout clair
qu'il faut vider les ordures de l'autre côté du

lilas, et c'est tout clair que si on ne vidait pas
les ordures de l'autre côté du lilas mais si on les
vidait, par exemple là, ou là à côté du petit ceri-
sier, ça donnerait des mouches, et puis ça sen-
tirait mauvais, et puis ça ne serait plus de l'ordre.
Il comprend. Il est bon d'avoir damé une aire et
d'avoir scellé un essieu au vieux rouleau. Il est
bon d'avoir, sur la cheminée, une petite boîte,
même si, sur la petite boîte, il y a marqué
« poivre ». Il est bon d'avoir cette boîte
toute prête pour le cas où on aurait l'occasion
d'un bon mulet. Ça peut arriver. Il faudra voir.
On ne peut pas toujours vivre d'emprunt.

Dans le chemin qui descend, il y a Arsule
et ses galoches; on les entend toutes les deux.
Arsule chante. La voilà qui tourne la haie.

Elle vient. Elle traîne un peu les pieds. Elle
bouge un peu les épaules en marchant comme
s'il fallait aider les jambes avec toutes les forces
du corps. Elle s'est alourdie; elle s'est alentie.
Elle joue avec une branche d'aubépine.

Il la regarde venir. Elle va, sur l'herbe neuve,
en choisissant des places où il n'y a pas encore
des pâquerettes. La voilà.

— Et tu es là, au mourant du soleil?...

— Ah! il lui dit, je pense...

Il la voit avec des yeux tout neufs. Il la voit
dans son ampleur et son aplomb.

Il étend son bras :

— Arrête-toi, attends un peu, fille.

Puis :

— Approche-toi, fais-toi voir.

Elle vient contre lui. Il la saisit par ses hanches courbes. Elle est comme une jarre entre ses mains.

— On dirait... tu n'étais pas si grosse...

Il tient dans ses mains toute la rondeur de la jarre de chair. Il interroge comme ça, de bas en haut. Elle a baissé son visage plein d'un contentement comme le ciel.

— Oui, elle dit; maintenant, tu sais.

— C'est sûr?

— Franc comme l'or, et déjà vivant et, l'autre nuit, j'ai senti un coup de son pied, là.

Elle tâte son flanc.

— Tu m'as dit : « Qu'est-ce que tu as? » Je t'ai dit : « Rien. »

Il se dresse. Il a mis son bras sur l'épaule de la femme. Voilà. Elle a encore sur ses épaules ce bras nu qui est comme un poids d'eau.

— Fille...

C'est tant de choses qu'il y a à dire que mieux vaut dire : « Fille », puis rester là. Et tout ce qui est encore à dire, on le laisse dans le chaud du cœur où c'est sa place. Elle souffle encore le long de lui :

— J'y pense et j'en ai des chatouilles dans les mains et sur la bouche et je languis de l'avoir dans mes doigts et de le baiser sur son

partout où je pourrai, de tous les côtés. Elle
dit encore au bout d'un moment :

— Je serai bonne nourrice. je sens mes seins
qui germent. Puis :

— Ça me laisse parfois là. desséchée comme
une écorce.

Ils sont restés longtemps muets, à respirer
l'un contre l'autre. Et c'est encore elle qui a
dit, comme à la suite d'un rêve qu'elle faisait :

— Nous serons dans l'herbe. lui et moi; et je
ferai gicler mon lait dans l'herbe pour le faire
rire.

Un appel descend du village :

— Pascali...i...ine.

Delphine cherche ses fillettes.

— Moi aussi, dit seulement Arsule.

Maintenant Panturle est seul.

Il a dit :

— Fille, soigne-toi bien, va doucement; j'irai
te chercher l'eau, le soir, maintenant. On a bien
du contentement ensemble. Ne gâtons pas le
fruit.

Puis il a commencé à faire ses grands pas de
montagnard.

Il marche.

Il est tout embaumé de sa joie.

Il a des chansons qui sont là. entassées dans
sa gorge à presser ses dents. Et il serre les
lèvres. C'est une joie dont il veut mâcher

toute l'odeur et saliver longtemps le jus comme
un mouton qui mange la saladelle du soir sur
les collines. Il va, comme ça, jusqu'au moment
où le beau silence s'est épaissi en lui, et autour
de lui comme un pré.

Il est devant ses champs. Il s'est arrêté devant
eux. Il se baisse. Il prend une poignée de cette
terre grasse, pleine d'air et qui porte la graine.
C'est une terre de beaucoup de bonne volonté.

Il en tâte, entre ses doigts, toute la bonne
volonté.

Alors, tout d'un coup, là, debout, il a appris
la grande victoire.

Il lui a passé devant les yeux, l'image de la
terre ancienne, renfrognée et poilue avec ses
aigres genêts et ses herbes en couteau. Il a
connu d'un coup, cette lande terrible qu'il
était, lui, large ouvert au grand vent enragé,
à toutes ces choses qu'on ne peut pas combattre
sans l'aide de la vie.

Il est debout devant ses champs. Il a ses
grands pantalons de velours brun, à côtes; il
semble vêtu avec un morceau de ses labours.
Les bras le long du corps, il ne bouge pas. Il a
gagné : c'est fini.

Il est solidement enfoncé dans la terre comme
une colonne.

IMPRIMÉ EN FRANCE PAR BRODARD ET TAUPIN
Usine de La Flèche (Sarthe).
LIBRAIRIE GÉNÉRALE FRANÇAISE - 6, rue Pierre-Sarrazin - 75006 Paris.
ISBN : 2 - 253 - 00402 - 2

Nouvelles éditions des «classiques»

La critique évolue, les connaissances s'accroissent. Le Livre de Poche Classique renouvelle, sous des couvertures prestigieuses, la présentation et l'étude des grands auteurs français et étrangers. Les préfaces sont rédigées par les plus grands écrivains ; l'appareil critique, les notes tiennent compte des plus récents travaux des spécialistes.

Texte intégral

Extrait du catalogue*

ALAIN-FOURNIER
Le Grand Meaulnes 1000
Préface et commentaires de Daniel Leuwers.

BALZAC
Le Père Goriot   757
Préface de F. van Rossum-Guyon et Michel Butor. Commentaires et notes de Nicole Mozet.

Eugénie Grandet   1414
Préface et commentaires de Maurice Bardèche. Notes de Jean-Jacques Robrieux.

La Peau de chagrin 1701
Préface, commentaires et notes de Pierre Barbéris.

BAUDELAIRE
Les Fleurs du mal   677
Préface de Marie-Jeanne Durry. Édition commentée et annotée par Yves Florenne.

DAUDET
Lettres
de mon moulin   848
Préface de Nicole Ciravégna.

Contes du lundi   1058
Préface de Louis Nucéra.

DIDEROT
Jacques le fataliste   403
Préface, commentaires et notes de Jacques et A.-M. Chouillet.

---

* *Disponible chez votre libraire.*

Le sigle ⬇ *, placé au dos du*
volume, indique une nouvelle
présentation.